KB164338

더 나은 나를 위한 말의 힘

세상을 바꾸는 한마디

정광재 지음

유아이북스
The Ultimate Informant

결국은 행복이다

말에는 사람과 세상을 바꾸는 힘이 있습니다. 작게는 개인을 움직이게 하는 가까운 사람의 충고부터 크게는 전 세계인을 웃고 울리는 위대한 말도 있습니다. '천 냥 빚을 갚는다'라는 속담을 비롯해 책 제목으로도 유명한 '칭찬은 고래도 춤추게 한다'라는 말과 '죽고 사는 것이 혀의 권세에 달렸다'라는 예수님 말씀까지. 우리는 말로 흥하기도 하고 말로 망하기도 합니다.

배운 게 글과 말이었기에 기자와 방송인으로 20년 넘게 밥벌이를 해왔습니다. 저의 글과 말이 어떻게 다른 사람들에게 선한 영향력을 가질 수 있는지 단련하고 고민해 왔습니다. 그러다 가까운 사람들과 함께 나누고 싶은 소중한 말들을 글로 정리해 봐야겠다는 생각이 생겼습니다.

MBN 디지털 뉴스 부장으로 일하던 시절, 미래 언론인을 꿈꾸는 청년 세대들을 만나게 되면서 그들의 도전을 격려하고 용기를 줄 수 있는 이야기들을 해주고 싶었습니다. 이 책은, 아직 인생의 밑그림을 제대로 그리지 못하고, 새로운 도전에 나서는 이들에게 해주고 싶은 이야기라고 생각해도 되겠습니다.

어려운 작업이 되겠다는 걱정도 했습니다. 하지만, 제게 큰 울림을 줬던 말들이 미래를 준비하는 다른 사람들에게도 힘이 돼 줄 수도 있겠다는 생각에 힘을 냈습니다. 무엇보다, 이 책이 저의 아들과 딸을 비롯해 '청춘(靑春)'이라는 이름 아래 고민하고 방황하는 인생의 후배들에게 힘이 됐으면 하는 바람이 큽니다. 대학생 인턴들의 이야기와 고민을 통해 그들보다 먼저 인생을 살아온 사람으로서 전하는 이야기도 담고 싶었습니다.

부족한 글이지만, 이 책에 담긴 글과 말이 어느 이름 모를 독자의 인생에 모래 한 알 만큼의 변화라도 가져오는 데 도움이 됐으면 좋겠다는 바람이 있습니다. 책 제목 '세상을 바꾸는 한마디'와 부제 '더 나은 나를 위한 말의 힘'에는 이런 바람이 담겼습니다. 말의 힘을 믿는 것처럼 독서의 힘도 믿습니다.

책에는 저의 경험과 생각이 많이 담겼습니다. 청년 세대들에게 전달하고 싶은 메시지를 생각하다 보니, 지나치게 저 자신을 미화해 표현했던 건 아닌지에 대한 반성도 있습니다. 독자분들이 넓은 마음으로 이해해 주시길 바랍니다.

책을 쓸 때마다 항상 저의 첫 독자로, 좋은 영감을 주는 아내 박경순과 고등학교 수험생활에 열심인 아들 석완, 딸 서윤에게 "고맙고 사랑한다"는 말을 마지막으로 전합니다. 책을 읽게 될 여러분의 행복한 인생을 응원합니다.

2023년 가을 정광재

목차

3장　인생을 사랑한다면, 시간을 사랑하라

4장　태도가 전부다

1장

실행에 답이 있다

우물 안 개구리

'왕후장상의 씨가 따로 있나'라는 말처럼, 사람은 태어나면서부터 정해진 그릇이 있는 것이 아니라 마음이 정한 그릇의 크기만큼 성장하게 마련입니다.

'말을 낳으면 제주로, 아들을 낳으면 서울로 보내라'라는 우리네 속담처럼 성장하기 좋은 환경에서 교육받고 자란 사람들이 그렇지 못한 사람들보다 더 많은 성장의 기회를 얻는다는 건 당연한 일입니다.

최근 김예지 국민의힘 국회의원이 국회 대정부질문에서 했던 '코이'라는 물고기 이야기는, 연설을 듣는 이에게 많은 울림과 감동을 줬습니다.

이른바 '코이의 법칙'으로 알려지기도 했는데요, 코이는 주어진 성장 환경에 따라 손바닥보다 작게 자라기도 하지만 강물에서는 1미터 넘는 크기로도 성장할 수 있습니다.

김 의원은 코이의 예를 들면서 "우리 사회에는 사회적 약자 및 소수자의 기회와 가능성, 성장을 가로막는 다양한 어항과 수족관이 있다"라며 "이러한 어항과 수족관을 깨고 국민이 기회의 균등 속에서 재능을 마음껏 발휘할 수 있도록 정부가 더욱 적극적으로 강물이 돼 주시기를 기대한다"라는 말로 연설을 마쳤습니다.

고성과 삿대질, 정쟁이 난무하는 국회에 모처럼 여야를 막론한 기립 박수가 나오는 등 훈훈한 장면이 연출되기도 했습니다.

코이는 잉엇과에 속하는 어류인데, 잉엇과는 영양 상태와 수중 내 산소포화도, 경쟁자의 유무에 따라 체내에서 분출되는 성장 호르몬의 양이 달라지는 특징이 있습니다. 이렇게 코이가 성장의 크기를 조절할 수 있는 건 코이가 가진 독특한 특징 때문입니다.

코이는 성장억제 호르몬을 분비해 성장의 크기를 조절하는데, 물의 양이 적으면 일찍 성장 호르몬 분비를 마쳐 성장을 멈추게 됩니다.
반면, 물의 양이 많을 때는 성장 호르몬 분비가 오랜 기간 지속하는 까닭에 1미터 넘는 물고기로 성장할 수 있습니다.

사람은 누구나 현실에 만족하고, 현실에 자신을 맞추는가 하면 여러 이유를 들어 왜 안 되는지를 정당화하려고 합니다.

그게 때로는 마음이 편할 수도 있기 때문이죠.

실제로, 많은 사람이 '나 정도면…', '이 정도면…'에 만족하고 살고 있습니다.

이런 마음가짐이 때로는 행복을 가져다주기도 합니다. 인생을 관조할 정도의 나이가 됐을 때, 자신의 삶을 돌아보며 '나 정도면…', '이 정도면…' 인생을 잘 살아왔다고 평가할 수 있을지 모릅니다.

대학 시절, 한국마사회로부터 장학금 혜택을 받게 됐습니다. 덕분에 등록금 문제를 해결할 수 있었고 어려운 가정환경이었음에도 40여 일 간의 유럽 배낭여행을 다녀올 수 있었습니다.

당시는 병역을 마치지 않은 대학생이 출국한다는 게 쉽지 않은 때였고, 또 긴 시간 해외여행을 하는 것 역시 경제적으로 쉽지만은 않은 때였습니다.

1995년 12월, 겨울바람이 꽤 찼던 프랑스 파리 근교의 베르사유 궁전. 함께 여행하던 친구로부터 들었던 "우물 안 개구리"라는 말은, 비록 우스갯소리에서 나온 말이기는 하지만 제 인생에 중요한 분기점이 됐습니다.

"연천 출신으로 이런 데 와 본 건 내가 처음일 거야"라는 말에 "대한민국에서 몇 번째로 왔는지 생각해 보라"고 했던 그 친구의 말은 두고두고, 여행 내내 저의 머릿속을 떠나지 않았습니다.

'내가 세상을 보는 눈이 너무 작았구나'라는 자각은 물론 '앞으로 어떻게 인생을 살아야겠다'라고 다짐하는 중요한 계기가 됐습니다.

귀국 후 예정돼 있던 ROTC 입소를 미루고, 완전히 다른 인생의 궤도에 들어선 것도, 어쩌면 그때 들었던 그 '우물 안 개구리'에서 시작됐는지도 모르겠습니다.

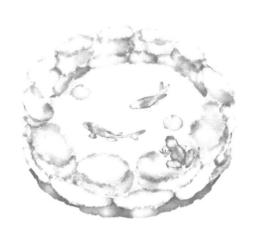

아무 일도 하지 않으면,
아무 일도 일어나지 않는다

딱히 내세울 공적이나 이렇다 할 명성을 쌓았던 건 아니지만, 중고등학생이나 대학생들을 대상으로 강의에 나설 때가 많았습니다.

2013년에는 한국기자협회가 운영하는 '재능기부 저널리스트'로 선정돼 서울 주요 중고등학교를 방문해 진로 강의를 활발히 진행했습니다.

또, 청소년 경제 입문서인 《경제는 내 친구》 출간을 계기로 한국은행을 비롯해 여러 공적 기관에서 진행하는 경제 교육 프로그램에 참여해 많은 중고생을 만났습니다.

강의에 대한 평가가 좋아서였는지는 모르지만, 이후로도 언론사 입사에 관심이 있는 대학생들과 대학 신입생을 대상으로도 여러 차례 강단에 섰습니다.

수강생의 특징이나 강의 성격에 따라 주제는 달라지지만, 마지막

발표로 빼먹지 않는 챕터가 있습니다.

바로 '아무 일도 하지 않으면, 아무 일도 일어나지 않는다(Nothing will happen if you do nothing)'입니다. 이 말을 그 전에도 들은 적은 있었겠지만, 아마도 저의 머리에 가장 강력하게 각인됐던 건 CNN 종군기자 겸 앵커로 오랫동안 활약해 온 크리스티안 아만푸어의 방송에서였던 것으로 기억합니다.

분쟁 지역을 주로 취재하는 그녀가 2010년 있었던 '아랍의 봄'을 현장 중계하면서 했던 말인데, 그녀와 얽힌 개인적인 에피소드가 더해져 강의를 항상 이 말로 마무리해 왔습니다.

2018년 4월 27일, 문재인 대통령과 김정은 북한 국무위원장이 판문점에서 만났습니다. '분쟁 지역 전문기자'인 아만푸어는 판문점 회담 중계를 위해 한국을 찾았고, 서울 시청 앞 광장에서 생방송으로 판문점 회담의 성격과 성과, 한계를 전 세계로 중계하고 있었습니다.

저는 외신에서는 판문점 회담을 어떻게 평가하고 있는지가 궁금해 CNN을 시청하던 중, 아만푸어의 시청 광장 생중

계를 접하게 됐습니다.

한 시간 단위로 생중계가 됐던 만큼, 연결 중간에는 아만푸어를 직접 만나 얘기를 나눠볼 수 있겠다는 판단이 들었습니다.

어차피 방송 중계 환경은 전 세계적으로 비슷하므로 취재 경험을 비춰 봤을 때 생중계 중간중간 시간을 낼 수 있다고 생각했기 때문이죠.

평소 애용하던 스쿠터를 타고 무작정 서울 광장으로 가 휴식을 취하고 있던 아만푸어를 만났습니다.

방송국 앵커라고 소개했고, 청와대와 외교안보팀장으로 일했던 경험을 얘기하니, 그녀는 오히려 판문점 회담에 대한 한국의 여론과 기자로서의 생각을 취재하며 오랜 시간 대화를 이어갔습니다.

30분 정도의 만남이었지만 기념사진과 함께 연락처를 주고받고, 남북문제가 쟁점이 될 때면 의견을 묻겠다는 말도 잊지 않았습니다.

이런 에피소드를 소개하며 저는 "아무 일도 하지 않으면 아무 일도 일어나지 않는다"라는 말로 수강생들의 미래를 응원합니다. 제가 CNN 화면 속 아만푸어를 보고 '한국에 와서 방송 중이구나'라는 생각에만 그쳤다면, 평소 동경했던 세계적인 언론인을 직접 만나볼 기회는 없었겠죠.

당연히, 한반도 문제에 관한 이야기를 나눌 기회도 없었을 것이고, 인생의 추억이 될 만한 기념사진 하나 찍을 수도 없었을 겁니다. 아주 사소한 일이라면 사소한 일이겠지만, 아무 일도 안 하는 대신 무언가라도 했기 때문에 생긴 결과였다는 점에서, 꼭 전해주고 싶은 이야기로 남았습니다.

그래서 저는 누구에게든 "무엇이든 해 보라(Do something)"고 주문합니다.

디지털뉴스부장으로 일하면서 많은 인턴 기자를 면접하고, 교육하고 대화하는 과정에서도 'Do something'을 항상 강조해 왔습니다.

청년 세대일수록 무엇이든 해 보는 게 중요하다고 믿기 때문입니다. 삶을 바꿀 수도 있는 어떤 특별한 일이 우리에게 발생할 수도 있는 건, 무언가를 새로 했을 때만 가능합니다. 아무 일도 하지 않으면 아무 일도 일어나지 않지만 무언가를 새로 시작하면 어떤 일이든 일어날 수 있습니다.

내게 능력주시는 자 안에서, 내가 모든 것을 할 수 있느니라

대한민국 사람 대부분이 신앙생활을 합니다.

사실, 전 세계 어디를 가도 우리나라처럼 종교적 다양성이, 평화롭게 공존하는 나라가 없습니다. 인류 전쟁의 역사 가운데 많은 부분이 종교적 차이로 인해 채워졌지만, 우리나라는 종교적 갈등이 전쟁으로 번진 경험은 없으니까요.

한 가족 내에서도 믿는 종교는 정말 다양합니다.

저만 해도, 어머니는 평생 절에 열심히 다니시며 부처님 은덕을 비는 불교 신자시지만, 형님은 성당에 다니고 저는 교회에 다닙니다.

같은 집에서 한 이불 덮고 자란 형제간에도 이런 종교적 차이가 있지만, 이에 따른 갈등이 있는 건 아닙니다.

그런 면에서, 우리 사회는 종교적 다양성도 크지만 관용성도 못지않게 큽니다.

우리나라의 3대 종교로 꼽히는 기독교와 천주교, 불교는 각각 1천만 명이 넘는 신도를 자랑하고 있습니다. 종교별로 신도 수 통계를 발표하고 있는데, 교세를 자랑하기 위해서인지는 몰라도 한 번이라도 교회나 성당, 사찰을 찾은 사람들을 신도로 구분해 과대 집계된 건 사실입니다.

우스갯소리로, 각 종교의 신도 수를 더하면 인구 5000만을 훨씬 넘는다고 하죠.

2005년 5월, 옛 소비에트 연방에 속해 있다 독립한 중앙아시아 국가 키르기스스탄에 1주일 넘게 출장을 다녀올 일이 있었습니다.

키르기스스탄의 고려인들의 삶을 취재하고, 중앙아시아 내 고려인들의 정착 과정과 고려인 3~4세로 이어지는 고려인 사회를 취재하기 위해서였습니다.

일제 강점기 시절, 식민지 시대의 많은 사람이 생계 또는 조국 독립운동을 위해 간도를 비롯한 연해주 지방으로 이주했습니다.

이들은 독립 후에도 조국에 돌아오지 못하고 그곳에 남게 된 경우가 많았습니다. 현지에서 만난 고려인들의 기억도 역사적 기록과 다르지 않았습니다.

몹시 힘들고 어려웠던 시기의 끝에, 그래도 한민족 특유의 근면성과 끈기, 높은 교육열을 바탕으로 고려인 3~4세로 넘어오면서 주류 사회로 편입하는 사례도 많아져서 인상적이었습니다.

지금은 '아버님'으로 모시는 박경진 진흥문화 회장과의 소중한 인연도 키르키스스탄 출장에서 시작됐습니다.

1주일 넘는 기간 동안 박 회장님과 사모님이 동행했는데, 마침 취재 일정이 없는 일요일 오전, 박 회장님과 현지 고려인 동포들이 함께 모여 간소한 주일 예배를 보게 됐습니다.

어려운 가정 환경에 초등학교 졸업이 전부였던 박 회장은, 6.25 피난민들이 모여 예배를 드리던 교회에서 신앙을 키우고 세상을 배우며 국내 최대 달력 인쇄업체인 진흥문화를 일군 기업인입니다.

박 회장은 자신의 창업 과정과 기업을 성장시킨 과정, 또 어려운 환경에도 굴하지 않고 꿈을 키울 수 있었던 과정을 얘기하며 성경 빌립보서 4장 13절을 소개했습니다.

"내게 능력 주시는 자 안에서, 내가 모든 것을 할 수 있느니라"라는 성경 구절은 이후 저의 삶에도 많은 영향을 줬습니다.

귀국 후에는 박 회장님을 따라 교회에 다니며 신앙생활을 시작했고, 과정이 어려울 수 있지만 절대자에 대한 믿음 속에 무엇이든 할 수 있다는 신념과 자신감을 갖게 됐습니다.

무엇보다, 아무리 어렵고 힘든 상황에서라도 제가 믿고 의지할 수 있는 영적인 대상을 찾았다는 점에서 삶에 대한 태도도 한층 여유를 찾을 수 있었습니다.

그해에 태어난 아들에게도 종종 "내게 능력 주시는 자 안에서 내가 모든 것을 할 수 있느니라"라는 구절을 얘기하며 함께 꿈을 키워 나갑니다.

수욕정이풍부지
자욕양이친부대 (樹欲靜而風不止, 子欲養而親不待)

아버님이 돌아가신 건 1993년 이른 겨울입니다. 1933년생이셨던 아버님은 일제 식민지 시대를 사셨고, 청년 시기에는 6.25 전쟁이 발발하면서 인민군 징집을 피해 남으로 피난을 나오셨습니다.

이후 국군에 자원입대해 자유 대한민국을 지키는 데 공헌한 사실을 인정받아 국가 유공자로 선정되기도 하셨습니다.

5남매의 막내였던 저는, 아버님이 43살이실 때 태어나 많은 사랑과 기대 속에 자랐습니다. 하지만, 급작스레 찾아온 아버지의 죽음은 제게 큰 충격을 줬고, 남은 가족의 생계를 책임지셔야 했던 어머니의 고생도 이만저만 한 게 아니었습니다.

아랫글은 문화일보 〈그립습니다〉에 소개됐던 제 '사부곡(思父曲)'의 일부입니다. 시간이 지날수록 쇠약해지시는 어머님을 뵐 때마다 돌아가신 아버님 생각과 함께 '나무가 고요하고자 하나 바람이 그치지 않고, 자식이 부모를 봉양하고자 하나 부모는 기다려 주지 않는다'(樹欲靜而風不止, 子欲養而親不待)는 말을 마음에 새깁니다.

1993년 2월 20일. 이날은 저의 고등학교 2학년 과정이 마무리되고 봄방학이 시작되는 토요일이었습니다.

경기도 의정부에서 학교에 다니던 저는, 방학이 시작됐지만 부모님이 계신 연천으로 향하지 못하고 서울 강남성모병원 중환자실로 가야만 했습니다.

그곳에는 아버지가 입원해 계셨습니다.

그로부터 5~6개월쯤 전이었을까요.

하숙했던 터라, 주말이나 집에 들렀던 저에게 아버지는 요즘 좀처럼 소화가 안 되고 자꾸 음식을 토하게 된다며 "내가 암에 걸렸나 보다"라고 하셨습니다.

저는 "아버지, 암이 뭐 아무한테나 다 걸리는 병이 아니에요. 드라마 주인공들이나 걸리는 병이니 너무 걱정하지 마세요"라는 말로 안심시켜 드리려 했지만 불안한 마음이 엄습했습니다.

평소 아버지는 700㎖ 소주 한 병이 하루에도 모자란 날이 있을 정도로 술을 좋아하셨고 담배 역시 여간 좋아하셨던 게 아니었기 때문이죠.

슬픈 예감은 틀리지 않는다는 말처럼, 아버지는 곧 식도암 판정을 받으셨고 불과 6개월도 안 되는 짧은 투병 끝에 1993년 2월 24일 세상과의 인연을 다하셨습니다.

봄방학 기간이라, 두 아들이 그나마 아버지 병상을 지키며 임종했던 게 위안이었습니다. 그때 아버지는 61세, 어머니는 55세였습니다.

아버지는 어려서 공부를 곧잘 했던 제게 항상 "큰사람이 돼라"고 하셨습니다.

아버지 자신이 할아버지가 일찍 돌아가셔서 학업을 제대로 이어가지 못한 데 대한 아쉬움이 크셨기 때문입니다.

국민학교를 졸업하면서부터 농사로 생계를 책임져야 했던 아버지는 종종 학창시절 자기보다 공부를 못했던 친구들이 군 장성이 되고 높은 공무원이 됐다는 말씀을 하시곤 했습니다.

그때 아버지의 한숨 속에서 깊은 회한이 느껴지기도 했습니다.

성인이 되고 술이라는 걸 마실 나이가 되면서, 저는 가끔 '우리 아버지는 인생이 뭐가 그리 고달팠기에 그 독한 술과 담배로 괴로움을 달래셨을까?'라는 생각을 하곤 합니다.

9살 어린 나이에 부친이 돌아가시고, 하고 싶었던 공부를 제대로 하지 못한 채 고향에 남아 힘든 농사로 가족의 생계를 책임져야 했던 자신의 인생에 대한 괴로움이 아니었을까 추측만 할 따름입니다.

술을 좋아하셨던 아버지의 기질을 닮아서일까요.
저도 꽤 술을 즐기는 편입니다.
그렇게 술이 좀 거나하게 들어갔을 때면, 아버지가 무척 그립습니다. 조금 더 오래 사셨더라면 아버지가 따라주시는 술을 소주잔에 받으며 아버지의 인생을 위로하고, 술잔을 올리며 그분의 못 이룬 꿈에 위안이 돼 드렸을 수도 있을 것 같지만 그런 기회조차 가질 수 없었기 때문이죠.

이제 아버지와 함께 살았던 시간보다, 아버지 제사를 지낸 햇수가 훨씬 더 많아졌습니다.
어머니 휴대전화 바탕화면에, 어머니를 안고 환하게 웃고 계신 아버지의 사진을 볼 때면 아버지의 너털웃음이 여전히 귓가에 맴돕니다.
고단했던 아버지의 인생에 우리 가족이, 또 제가 조금이라도 위안이 됐었기를 기원합니다.
사랑합니다. 보고 싶습니다, 아버지.

부모님 은혜가 바다와 같다고 합니다.
그렇게 생각하지 않는 사람 역시 없을 겁니다. 그러나 각박한 현실은 때론 부모님 은혜를 잊고 살게 합니다.

지금 당장, 핸드폰을 들고 부모님께 문안 전화라도 드리면 어떨까요?

무심한 세월은 우리도 모르게 부모님을 점점 더 먼 곳으로 데려가고 있습니다.

시련은 있어도
실패는 없다

2022년 카타르 월드컵 조별리그 마지막 경기. 16강 진출 여부가 걸린 포르투갈과의 조별 3차전에서 우리 국가대표팀은 후반 로스 타임에 터진 역전 골을 바탕으로 극적인 16강 진출에 성공합니다.

이미 전후반 정규시간이 다 지난 시간, 손흥민 선수가 70미터 거리를 드리블해 쇄도하던 황희찬 선수에게 수비수 가랑이 사이로 공을 건넸고, 황희찬 선수가 침착하게 골로 연결하면서 2:1 역전승을 거둘 수 있었습니다.

경우의 수를 따졌을 때, 꼭 승리해야만 16강에 오를 수 있었던 경기. 더욱이 로스 타임에 나온 역전 골이라는 점에서 손에 땀을 쥐고 시청했던 국민 모두는 열광했고, 90분이 지나서까지 최선을 다해준 우리 대표팀에도 열광했습니다.

역전 골에 이은 원정 월드컵 16강 진출보다, 더 큰 감동은 사실 경기 후에 나왔습니다. 승리를 자축하는 선수들이 들고나온 태극기 하단에 등장한 '중요한 것은 꺾이지 않는 마음'이라는 문구 때문이었습니다.

우리 대표 선수들은, 실낱같은 16강 진출 가능성이었지만 '꺾이지 않는 마음만 있으면 우리는 할 수 있다'라는 각오를 다지며 경기에 임했습니다.

객관적인 전력에서 포르투갈에 뒤지고, 다른 조별 경기 결과를 지켜봐야 하는 상황에서 선수들은 최선을 다했고, 우리가 할 수 있는 최선의 결과를 만들어 냈습니다.

할 수 있는 일을 다 하고 나서 하늘의 뜻을 기다린다는 '진인사대천명(盡人事待天命)'의 마음으로 우루과이-가나전을 시청하던 선수들은, 가나가 추가 실점 없이 2-0으로 우루과이에 패하면서 16강 진출을 환호했습니다.

중요한 것은 꺾이지 않는 마음, 이른바 '중꺾마' 신드롬은 이후 대한민국 사회를 흔들었습니다. '중꺾마'는 사실 MZ세대들에게 월드컵 못지않게 인기가 많은 게임 'LOL(League Of Legend) 월드챔피언십' 이른바 '롤드컵'에서 유래한 말입니다.

롤드컵에서 만년 언더독(Underdog : 우승 확률이 낮은 팀)으로 평가받던 노장 김혁규(게임명 데프트) 선수는, 2022년 롤드컵 1차전 패배 후 "지긴 했지만, 저희끼리만 안 무너지면 충분히 이길 수 있을 것 같아요"라는 말로 승리의 의지를 다졌습니다.

인터뷰했던 기자는 〈DRX 데프트 "로그전 패배 괜찮아, 중요한 건 꺾이지 않는 마음"〉이라는 제목으로 기사를 실었고, 데프트는 이후 극적인 역전 드라마를 쓰며 마침내 우승컵을 들어 올립니다. '포기하지 않으면 원하는 바를 이룰 수 있다'는 의미의 '중꺾마'는 2022년 우리에게 감동을 준 최고의 명언으로 꼽히기도 했습니다.

저는 '중꺾마'의 원형을 정주영 현대그룹 창업 회장의 말에서 찾습니다.

정주영 회장의 자서전 《시련은 있어도 실패는 없다》는 책에는, 정주영 회장이 창업과 기업을 키우는 과정에서 경험했던 수많은 시련을 소개하고 있습니다.

하지만, 책 제목처럼 정 회장은 시련을 극복하는 과정에서 자신의 보람을 찾았습니다. "불가능하다"라는 참모진들의 보고에는 "이봐, 해봤어?"라는 말로 한계에 대한 도전을 독려했고, '시련은 있어도 실패는 없다'라는 말로 꺾이지 않는 마음가짐을 우리 사회에 전파했습니다.

정주영 회장이 소 떼를 이끌고 판문점을 넘어 북한을 방문했던 1998년 6월 16일. 미 2사단(의정부 CRC) 공보실에서 정훈병으로 신문을 만들던 게 계기가 돼, 동료 미군 기자들과 판문점 현장을 찾아 정 회장의 방북을 지켜봤습니다.

정 회장은 이날 "한 마리의 소가 1000마리의 소가 돼 그 빚을 갚으러 꿈에 그리던 고향 산천을 찾아간다"라며 "남북 간의 화해와 평화를 이루는 초석이 되기를 진심으로 기대한다"라고 했습니다.

아버지 몰래 송아지 한 마리를 팔아 사업을 시작한 후 한국을 대표하는 현대그룹을 일구기까지, 1992년 대선에서 김영삼 후보에 패한 후 시련을 딛고 다시 대북 사업에 나서기까지 정 회장은 "이봐, 해봤어?", "시련은 있어도 실패는 없다"라는 말로 오뚝이처럼 일어났습니다.

'중요한 것은 꺾이지 않는 마음'과 '시련은 있어도 실패는 없다'라는 신념은, 시대가 조금 다를 뿐 좌절과 실패에 울고 있는 우리에게 다시 도전할 수 있는 용기를 주는 말입니다.

시도하지 않은 숏은 100% 빗나간 숏이다

MZ세대들에게 성격유형검사로 불리는 'MBTI'가 인기입니다.

마이어스-브릭스 유형 지표(Myers-Briggs Type Indicator)를 통해 개인의 선호와 경향을 분석하고, 그 사람의 특징을 대략 예측해 볼 수 있는 분석법으로 꽤 객관적인 자기 평가가 가능하기 때문입니다.

MBTI는 모두 16개의 유형으로 나뉩니다. 개인의 선호와 성향에 관한 질문을 바탕으로 답안을 작성하면 특정 유형으로 규정하고 그런 사람들의 공통적인 특징을 설명해 주는데, 설득력이 큽니다.

MBTI 검사는 개인의 내향성과 외향성, 감각과 직관, 사고와 느낌, 판단과 지각의 네 가지 범주를 지정하고 있습니다.

저의 MBTI는 ESFP입니다.

MBTI의 유형 설명을 빌자면 '자유로운 영혼의 연예인, 슈퍼스타형'입니다. 이런 MBTI를 가진 사람에 대해서는, 이런 설명이 따라붙습니다.

'사교적이고 활동적이며 수용력이 강하고 친절하면서 낙천적이다.
어떤 상황이든 잘 적응하며 현실적이고 실제적이다.
주위의 사람이나 일어나는 일에 대하여 관심이 많으며,
사람이나 사물을 다루는 사실적인 상식이 풍부하다.
때로는 수다스럽고, 진지함이 모자라거나 마무리를 등한시하는 경향
이 있으나, 어떤 조직체나 공동체에서 밝고 재미있는 분위기 조성 역
할을 잘한다.'

일반적인 특징으로는 다음과 같은 사실이 꼽힙니다.

'신나고 재미있는 성격으로 분위기 메이커의 역할을 한다.'
'모든 MBTI 유형 중 외향적 성향이 ESFJ와 함께 가장 강한 편이다.'
'천성적으로 친화력이 높고 사교적인 성격으로, 사람들과 쉽게 친
해진다.'
'특유의 사교성 덕에 사람에 대한 데이터가 잘 쌓이며 이러한 경험치
덕에 사람에 대한 통찰력이 있는 편이다'
'인생을 하루하루 즐겁게 살려고 한다.'
'관종 평가를 받기도 하지만, ENFP가 '4차원 뚱끼'를 가지고 있다면
ESFP는 상식적인 관종이라는 평가다.'

곰곰이 생각해 보건대, ESFP의 특징에는 개인적 성격과 성향이 많이 녹아있다고 생각합니다. MBTI 검사의 질문이 워낙 구체적이어서, 자신의 선호에 따라 답을 하다 보면 저절로 그런 성격을 유추해 볼 수 있기 때문입니다. 실제, 저는 사람에 대한 관심이 많고 대단히 사교적입니다.

낯선 곳에서 만난 초면의 사람들에게 먼저 이야기를 건네는 일도 주저하지 않고, 조직 내에서는 밝고 재밌는 분위기를 만드는 데 재능이 있다는 평가를 받습니다.

그래서인지, 학창 시절에도 주위에 친구들이 항상 많았습니다.

'용기 있는 자가 미인을 얻는다'라는 말처럼, 과도한 용기(?) 덕에 여자 친구도 많았습니다.

그래서 친구들의 부러움을 사기도 했는데, 비결은 자기감정에 솔직하고 먼저 고백할 수 있는 용기에 있지 않았나 싶습니다.

세상을 살다 보면 주저 하다, 하고 싶던 일을 하지 못하고 어렵게 찾아온 기회를 놓치고 후회하게 될 때가 많습니다.

노벨 문학상을 받은 극작가 조지 버나드 쇼의 묘비명인 '우물쭈물하다 내 이럴 줄 알았다'라는 말에는, 모든 사람이 죽음이 임박해서야 그동안 용기 내 하지 않았던 일들에 대한 후회와 회한이 담겨 있을 겁니다.

북미 아이스하키 리그의 전설적인 득점왕 웨인 그레츠키는 "시도하지 않은 숏은 100% 빗나간 숏이다"라는 말을 남겼습니다.

2021년으로 기억하는데, 주요 그룹사 회장의 신년사에 약속이나 한 듯 이 문구가 함께 등장해 화제가 된 적이 있습니다.

그레츠키는 선수 시절 894개의 득점을 기록했는데, 많은 득점을 올릴 수 있었던 비결로 "많은 숏을 쐈기 때문에 가능했다"라는 말로 답을 대신했습니다.

숏은 빗나갈 수도 있고 득점으로 이어질 수도 있지만, 지금 숏을 쏘지 않는다면 영영 득점을 기록할 수 없습니다.

It ain't over til it's over !

우리나라에서 프로야구가 시작된 건 지난 1982년입니다.

생각해 보니, 제가 초등학교를 입학하던 해에 역사적인 프로야구 출범이 있었던 셈입니다.

경기도 연천의 작은 시골 마을이었지만, 시대적 흐름에 맞춰 저도 단숨에 야구팬이 됐습니다.

누가 복잡한 야구 룰을 정확히 알려준 것도 아니지만 TV 중계를 자주보다 보니, 자연스레 야구에 정통해졌습니다.

투수의 방어율이나 타자의 타율, 장타율 등 복잡한 야구 통계를 접하면서 숫자에 대한 감각도 키울 수 있었습니다.

무엇보다 응원하는 팀이 생기면서 프로야구에 더 몰입할 수 있었습니다.

출범 당시 8개 팀을 기준으로 지역 연고제를 도입했는데, 해당 지역 연고제를 기준으로 한다면 경기도와 인천, 강원도까지 아우르는 삼미 슈퍼스타즈 팬이 돼야 하지만 무슨 이유에서인지 서울을 연고로 한 MBC 청룡(LG 트윈스 전신) 팬이 됐습니다.

아마도, 당시 서울에 살던 사촌 형들의 영향이었거나, 1983년 프로야구에 데뷔했던 김재박 선수의 영향이 아니었나 추측해 봅니다.

한국 야구 레전드 가운데 한 명으로 꼽히는 김재박 선수는 저의 아이돌이자 영웅이기도 했습니다.

야구할 때면 투수나 유격수를 했고, 등번호도 김재박 선수가 사용했던 '행운의 7번'을 항상 사용했습니다.

학창 시절에는 야구선수가 되고 싶은 마음도 있었지만, 인근에는 야구부가 있는 학교를 찾을 수 없어 일찍 꿈을 접었습니다.

야구에는 두 팀 모두 9번의 공격 기회를 똑같이 얻는 '기회의 균등'이 있고, 주심으로 불리는 엄파이어(Umpire)가 '과정의 공정'을 보장해 주면서, 더 많은 점수를 낸 팀이 승리한다는 '결과의 정의'가 보장돼 있습니다.

우리 시대가 추구하는 공정과 상식이 그대로 적용되는 스포츠라는 점에서 매력적입니다. '야구는 투수 놀음'이라는 말이 있기는 하지만 한 명의 스타플레이어에 의존하는 게 아니라 9명(지명타자를 포함하면 10

명)의 선수들이 각자의 역할을 충실히 수행할 때만 승리할 수 있다는 점도 재미를 더합니다.

팀을 이끄는 감독의 리더십이 다른 어느 종목보다 중요하다는 점도 특징이죠.

무엇보다, 야구의 가장 큰 묘미는 역전과 결과의 의외성에 있습니다.

어쨌든 9회 세 번째 아웃카운트, 그러니까 상대 팀의 27번째 아웃을 잡아내기 전까지 야구의 승패는 정해지지 않습니다.

그래서 나온 말이 "It ain't over til it's over(끝날 때까지 끝난 것이 아니다)" 입니다. 정확한 영어 표현으로는 "It's not over until it's over"가 맞겠지만, 이 말의 주인공인 미국 프로야구의 영웅 요기 베라의 비속어(슬랭) 표현이 그대로 살아남았습니다.

자신이 속해 있던 뉴욕 양키스를 월드 시리즈 10회 우승으로 이끈 요기 베라는 MLB 역사상 최고의 포수로 평가받는 선수입니다.

지독한 슬럼프를 겪으며 소속 팀이 사상 최악의 시즌을 보낼 때, "이번 시즌은 이미 끝난 것 아니냐?"는 기자의 비꼬는 질문에 요기 베라는 "It ain't over til it's over"라고 답합니다.

그리고는, 언제 그랬냐는 듯 슬럼프에서 벗어나 팀을 준우승으로 이끌고 그 해를 마무리하게 됩니다.

요기 베라는 이 말 한마디로, 이후 수많은 사람에게 다시 일어서 도전할 수 있는 희망의 아이콘이 됐습니다.

세상을 살다 보면 '이렇게까지 했는데, 이제 끝인가?'라는 생각에 좌절하고 포기하고 싶을 때가 생기게 마련입니다.

성공보다는 실패의 경험이 더 많은 게 세상사 이치이기 때문이죠.

하지만, 우리 인생은 생각보다 훨씬 깁니다. 지금 20대라면, 야구로 치면 2회밖에 되지 않았고 30대라면 3회밖에 지나지 않은 셈입니다.

'야구는 9회 말 투아웃부터'라는 말처럼 끝날 때까지 끝난 건 아닙니다.

지금 어렵고 힘든 시기를 보내고 있다고 해도, 최선을 다해 지금의 실점 위기를 벗어날 수 있다면 역전 만루홈런의 기회가 찾아올 수 있습니다.

골프도, 장갑 벗을 때까지는 아무도 모른다고 하지 않습니까?

It ain't over till it's over

세계는 넓고
할 일은 많다

개인의 인격과 정체성은 어떤 사람들과, 무슨 경험을 했고, 또 어떤 책을 읽고, 무슨 생각을 하며 자랐는지에 따라 달라지게 마련입니다.

특히, 스펀지처럼 외부의 지식을 빨아들이고, 그런 지식과 생각을 통해 큰 틀에서 인격이 형성되는 청소년기는 어느 때보다 중요한 시기입니다.

아무리 능력 있는 화가라고 하더라도 어느 정도 밑그림이 그려진 그림을 덧칠하는 정도로는 뛰어난 작품을 만들어 내기 어렵습니다.

그래서 아무 밑그림과 편견도 없는 청소년기의 교육과 독서는, 다른 어느 때보다 중요합니다. 저의 청소년기에도 이렇게 영향을 준 책과 인물이 있습니다.

방학이면 출가한 누님 댁은 물론이고 서울에 사는 숙부님 댁에 머무는 경우가 종종 있었습니다.

1990년쯤의 일이라고 생각하는데, 당시 겨울방학을 맞아 누님 댁에 들렀다 매형 책장에 꽂혀 있던 책 한 권에 눈길이 갔습니다.

책 제목은 《세계는 넓고 할 일은 많다》였고, 김우중 당시 대우그룹 창업자 겸 회장이 쓴 책이었습니다. 나중에 자료를 찾아보니, 김 회장이 이 책의 초판본을 낸 게 1989년이었으니, 제 기억이 정확한 편인 것 같습니다.

김 회장이 쓴 《세계는 넓고 할 일은 많다》는 누적 100만 권 이상이 팔린 초대형 베스트셀러입니다.

지금까지도 개정판이 나오고 있는 걸 보면, 시대가 많이 바뀌고 성공 가도를 달렸던 김 회장이 실패한 사업가로 삶을 마쳤음에도 책이 주는 감동과 울림은 여전히 유효하다고 생각하게 됩니다.

개정판이 새로 나왔을 때, 이 책의 제목에 '내 사랑하는 젊은이들에게'라는 부제가 붙었는데, 책의 성격을 가장 잘 표현한 부제라고 생각합니다.

당시 중학생이 관심을 두고 읽을 만한 책은 아니었을지 모르지만, 책 서문을 읽고 마지막 장을 넘기기까지는 하룻밤이면 충분했습니다.

'역사는 꿈꾸는 자의 것이다'를 시작으로 세계 경제의 패권이 동쪽으로 옮겨오고 있다는 설명과 '세계는 넓고 할 일은 많다'라는 김 회장의 글에 저는 완전히 매료됐습니다.

《세계는 넓고 할 일은 많다》는 제가 대학 전공을 선택할 때도 결정적인 역할을 했습니다.

김 회장의 말처럼 '메이드 인 코리아(Made in Korea)' 제품을 세계 곳곳의 시장에 팔아 개인적 영달은 물론 우리 경제 영토를 키우는 사업가가 되려면 무역을 배우는 게 좋겠다고 생각했기 때문입니다.

실제, 대학 입학 후에도 세계 시장을 누비는 코트라나 종합무역상사에 입사해 세계 시장을 개척하는 '수출 전사'가 되는 꿈을 계속 키우기도 했습니다.

김우중 회장에 대한 역사적 평가는 상반됩니다.

결국, 실패한 기업가로 국가 경제에도 많은 부담을 줬던 인물이라는 혹평이 있지만 대한민국의 산업화에 기여했던 정주영 현대그룹 회장과 이병철 삼성그룹 회장과 같은 반열의 선구자였다는 평가도 있습니다.

기업가로서의 성패를 떠나, 김우중 회장이 그때의 청년 세대들에게 심어준 '도전 정신'과 인식의 전환은 세계화 시대를 맞는 우리에게 큰 자극이 됐고, 울림이 됐습니다.

　"세상은 넓고 할 일은 많다"라는 김우중 회장의 한마디가, 30년 넘은 세월이 지난 지금도 우리 청년들의 가슴을 뛰게 하는 말이었으면 합니다.

Never Up, Never In

어려서부터 다양한 운동을 좋아했는데, 특히 공을 다루는 운동을 좋아했습니다.

다행히, 손 감각이 좋아 농구와 야구, 탁구, 테니스 등에서 수준급 실력에까지 도달할 수 있었습니다.

대학 시절에는 교내 야구 동아리 'DK 판다스'에 입단해 야구 실력을 뽐냈고, 무역학과 선후배를 중심으로 'DK 트레이더스' 야구팀을 조직해 사회인 야구에서 활약했습니다.

특히, 서울대 경영대학원을 다닐 때는 '스눔바' 야구단에 속해 교내 관악 리그와 총장 배 대회에 출전해 대학원팀으로는 드물게 4강에 오르는 성과를 거두기도 했습니다.

어느 정도 나이가 들고 회사 생활을 하다 보니 골프라는 운동에도 취미를 갖게 됐습니다.

4명이 오붓하게, 최소 5시간 이상은 온전히 함께 시간을 보낼 수 있는 데다 골프를 치는 동안 동반자들의 여러 특징을 세밀하게 관찰할 수 있다는 점에서 골프는 참 재밌는 운동입니다.

또, 기량 차이가 월등할 경우 함께 어울리지 못하는 야구나 축구, 농구 등 다른 구기 종목과 달리 개인의 실력에 따라 자신의 공을 치는 골프는 동반자들 간에 서로 배려하며 할 수 있는 좋은 사교 수단이기도 합니다.

실제로, 골프 고수 중에는 일부러 골프에 처음 입문하는 사람들을 위해 첫 라운딩을 동반하면서 골프 매너와 에티켓에 관해 설명해 주는 것을 보람으로 여기는 사람들도 있습니다.

골프에는 인생을 살며 새길 여러 좋은 말이 많이 나옵니다.

인생을 마라톤에 비유하는 것처럼, 골프를 인생에 비유해 설명하는 말들이 많은 것도 우리가 살아가는 인생과 매우 비슷하기 때문일 겁니다.

"인생은 속력이 아니라 방향인 것처럼, 골프도 거리보다는 방향의 운동이다"라는 격언부터 "인생은 잘 나갈 때 조심해야 하는 것처럼 버디를 기록한 다음 티샷을 가장 조심해야 한다"라는 말이 인상적입니다.

실제, 골프를 오래 치다 보면 드라이버 거리가 많이 나지만 '와이파이' 구질을 가진 사람과는 약간의 내기골프를 하더라도 전혀 무섭지 않습니다.

오히려, 드라이버 170미터 쳐 놓고, 아이언으로도 공은 안 띄우고 앞으로 굴려서 직진만 하는 사람들은 훨씬 더 스코어가 좋고, 내기에서도 무서운 상대가 됩니다.

"드라이버를 잘 쳤을 때가 아마추어 골퍼의 위기"라는 말도 항상 새기고 있습니다.

인생의 위기는 자만과 방심에서 찾아오는 만큼, 드라이버를 잘 쳐 놨을 때 두 번째 아이언샷을 더 조심해야 한다는 뜻이죠.

그래서 종종 '오잘공(오늘 제일 잘 친 공)'이 나왔을 때 동반자들에게 긴장을 불어 넣는 데 사용하고 합니다.

이런 여러 골프 격언 가운데, 저에게 가장 큰 변화를 준 말은 '네버 업, 네버 인(Never up, Never in)'입니다.

어느 정도 드라이버와 아이언이 실력에 올라오고 90개 정도를 칠 수 있는 보기플레이어 정도의 실력이 되면 절감하는 게 퍼팅의 중요성인데, 퍼팅은 짧게 치면 절대 홀에 들어가지 않습니다.

혹자는 "골프라는 운동이 처음 영국에서 공인된 1502년 이후, 짧아서 들어간 퍼팅은 역사상 없었다"라며 짧은 퍼팅으로 버디나 파 기회

를 놓친 동료들을 놀리기도 합니다.

'네버업, 네버인'에는 '적극적으로, 강하게 퍼팅하라'는 뜻이 숨어 있습니다.

다소 강하다 싶을 정도로 때린 퍼트만이 라인을 따라 홀 벽을 맞고 들어갈 수도 있고, 라인을 덜 먹어 자신이 마음먹은 방향으로 공을 보낼 수 있습니다.

설령 다음 홀을 지나쳤다고 해도, 홀 뒤로 공인 흐른 라인을 관찰한 후 다음 퍼트를 넣을 기회가 아직 남아 있습니다.

짧게 친 공은 홀에 들어갈 기회도, 다른 라인을 살펴볼 수도 없다는 점에서 과감한 퍼트보다 결과가 좋을 수 없습니다.

소극적이고 위축된 플레이로는 절대 좋은 성적을 내기 어려운 게 골프인 것처럼, 인생도 적극적인 마인드를 가지고 열린 마음으로 살지 않으면 길지 않은 인생 제대로 즐기기 어렵다는 게 골프 퍼팅에서 배운 인생의 교훈입니다.

2장

행복은 내 안에 있다

사람은 자신이 결심한 만큼 행복해진다

'행복의 스마일 커브'라는 게 있습니다. 보통 사람들이 인생을 살면서 나이에 따라 얼마나 행복하거나 불행하다고 느끼는지를 조사해 보면, 전 세계적으로 같은 행복지수 패턴이 나오는데, 이게 바로 '웃는 입꼬리'를 닮았다는 데서 비롯된 말입니다.

일반적으로, 사람들은 사회에 첫발을 내딛는 20대 초반에 행복지수가 높게 형성됩니다. 무엇이든 할 수 있다는 자신감과 꿈에 대한 희망은 큰 반면 아직 세상의 높은 벽을 실감하지 않은 터라 행복지수는 높게 조사됩니다.

이렇게 20대 초반 높게 형성돼 있던 행복지수는 시간이 갈수록 조금씩 하락 추세를 보이는데, 선진국에서는 47.2세, 후진국에서는 선진국보다는 조금 늦은 48.2세에 행복지수는 가장 낮은 수준까지 떨어집니다.

학문적으로도 '중년의 위기'를 실감할 수 있는 대목입니다.

미국 다트머스대학교 블랜치플라워 교수는 연구를 통해 "모든 국가에서 사람들의 평생에 걸쳐 U자형의 '행복곡선'이 나타난다"라며 "임금이 높든 그렇지 않든, 평균 수명이 길든 짧든 상관없이 이런 궤적은 모든 지역에서 적용된다"는 점을 강조하고 있습니다.

블랜치플라워 교수 연구를 더 들여다보면 시간이 지나면서 사람들의 행복지수는 다시 회복했다는 점을 확인할 수 있습니다. 결국, 70대에 도달하면 20대 수준으로 행복지수는 올라가는데, 70대 초반을 고점으로 다시 행복지수는 조금씩 하락하는 것으로 나타났습니다.

비록 중년의 시기가 어렵지만, 이 '위기의 시대'를 지나면 조금은 인생이 편안해질 수 있다는 희망이 생깁니다.

세계 공통으로 이런 행복의 스마일 커브가 나타나는 건, 어느 나라에서든 한 사람 한 사람의 라이프 싸이클이 비슷하기 때문일 겁니다.

돌아보건대, 저 역시 미래에 대한 두려움 없이 꿈과 희망에 부풀어 있던 20대에 행복했고, 40대에 들어서면서부터는 그동안 하지 못했던 것에 대한 아쉬움과 미래에 대한 불안 등으로 밤잠을 설칠 때도 있었습니다.

회사 내에서의 스트레스 강도도 높아졌고, 자녀 교육에 대한 경제적 부담과 인생 2막을 위한 새로운 도전에 대한 불안감도 커졌습니다.

다행인 사실은, 대략 40대 후반을 저점으로 다시 행복지수는 높아지게 된다는 겁니다.

심리학자들은 40대라는 '불행의 늪'에 빠져 있던 사람들이 50대가 되면서 행복감을 회복하는 패턴에 대해 "인생을 있는 그대로 받아들이려는 마음의 여유가 생기고 그만큼 욕심을 버리기 때문에 가능한 일"이라고 설명합니다.

심리학자들은 행복지수에 대해 '내가 원하는 것' 대비 '지금 내가 가지거나 이룬 것'으로 설명하기도 합니다.

지금 내가 가지거나 이룬 것으로 표현되는 현실과 내가 원하는 것으로 나타나는 욕심을 비교하면 행복의 정도를 가늠해 볼 수 있다는 겁니다.

행복지수 = 내가 가지거나 이룬 것 / 내가 원하는 것

그래서인지, 행복지수를 평가할 때마다 항상 1~2위권에 이름을 올리는 국가인 부탄에 대해 함께 일했던 기자 선배는 "행복지수가 높은 것이 아니라 절망지수가 높은 것"일 수 있다는 해석을 내놓기도 했습니다.

삶을 살다 보면, 자신을 둘러싼 정해진 현실을 나의 노력으로 바꾸기 어려울 때가 많습니다. 그런 무력감이 자신을 불행으로 몰기도 합니다. '공부를 잘하고 싶다'면 공부할 결심이 필요하고, '운동을 잘하고 싶다'면 운동을 할 결심이 필요한 것처럼 '행복하고 싶다'면 행복해질 결심이 필요합니다.

링컨 미국 대통령의 "인간은 자신이 결심한 만큼 행복해진다"라는 말은 오래오래 제 머릿속에 남아 삶을 대하는 태도에 영향을 주고 있습니다.

그래서인지, 종종 "정 부장은 뭐 좋은 일이 많은가 봐?"라는 말을 듣곤 합니다. 얼굴에 미소를 띠고 있는 때가 많아서일 것으로 생각합니다.

그럴 때면 저는 "당장 행복해서 웃는 게 아니라 행복해지기 위해 웃는 겁니다"라는 말로 답하곤 합니다.

여러분 마음에도 '행복해질 결심'이 자리 잡기를 바랍니다.

비교는 인생을 좀먹는 독약

'행복의 스마일 커브'는 우리에게 시사하는 바가 매우 큽니다.

특히, 행복 지수가 40대 후반에 저점을 지나고 그 이후부터는 조금씩 올라간다는 점이 인상적입니다. 또, 인생을 어느 정도 관조할 수 있는 70대가 되면 행복지수가 다시 20대 초반만큼이나 높아진다는 점에서, 어떤 변화가 이렇게 극적인 행복지수의 반전을 가져오게 하는지 궁금하기만 합니다.

심리학자들은 행복지수가 상승하는 현상에 대해 타인과의 비교가 줄면서 '이만하면 인생을 잘살고 있다'라는 자신의 위안을 중요한 원인으로 꼽고 있습니다.

사회적인 비교는 개인의 성장에 어느 정도 긍정적인 영향을 주기도 합니다.

다른 사람의 장점을 본받아 자신을 개선하고 성공을 위해 노력하도록 좋은 동기가 될 수 있기 때문이죠.

또, 다른 사람의 성공이나 업적을 관찰하며 자신의 목표를 실현해 가기 위한 교훈을 얻을 수도 있습니다.

반면, 이런 이점에도 불구하고 지나친 비교는 개인의 행복에 부정적인 결과를 초래할 가능성이 큽니다.

자존감을 낮추고 시기와 질투심을 유발하게 하는가 하면 우울증의 원인이 될 수도 있습니다.

실제로 다른 사람들과 지나친 비교는 자신의 삶을 피폐하고, 뒤처지고, 실패한 것처럼 느끼게 하는 경우가 대부분입니다. 비교의 대상이 현재의 자신보다 훨씬 더 좋은 사회적 위치에 있거나 경제적으로 성공한 사람 또는 자신보다 앞서나가는 동료들일 수밖에 없기 때문이죠.

사람의 본성을 고려할 때, 자신보다 못한 처지에 있는 사람과 자신을 비교하며 현재의 삶에 만족하거나 안도하는 경우는 생각하기 어렵습니다. 혹여, 부처님 수준의 '성불(成佛)'에 도달했거나 예수님, 마더 테레사 같은 성인의 마음을 갖지 않는 한 타인과의 비교는 자신을 항상 초라하게 만듭니다.

우리나라는 다른 사람들과의 '과잉 비교' 속에 살고 있습니다.

좁은 면적에 많은 사람이 사는 밀집 사회, 특히 아파트로 대표되는 주거 환경 속에서 옆에 있는 사람과 쉽게 비교할 수 있었던 게 원인이 아닐까 합니다. 실제로, 인구 밀집도가 낮은 국가일수록 개인주의적 성향이 강하다는 연구 결과도 있습니다.

또, 여전한 학벌주의로 인해 어려서부터 치열한 경쟁에 노출되고 학교 성적에 목을 매야 하는 환경도 '과잉 비교'에 영향을 줬겠다고 생각합니다.

MZ세대 청년이나 학생들이 가장 듣기 싫어하는 말이 '엄친아(엄마 친구 아들)'와 '엄친딸(엄마 친구 딸)'인 것만 봐도, 우리 부모들이 비교를 통해 자녀들의 삶을 어려서부터 얼마나 옥죄고 있는지 알 수 있습니다.

"엄마 친구 아들은 이번에 ○○대에 입학했다는데, 너는…", "엄마 친구 딸은 이번에 ○○에 입사했다더라"로 시작하는 말들은 보이지 않게 우리 아이들을 죽이는 독약입니다.

스스로, 우리 아이들에게 행복을 좀먹는 독약을 오늘도 먹이고 있는 건 아닌지, 저는 물론 여러분들도 함께 자문해 봤으면 하는 바람입니다.

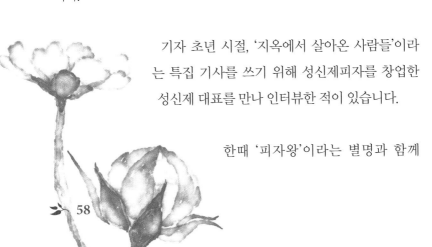

기자 초년 시절, '지옥에서 살아온 사람들'이라는 특집 기사를 쓰기 위해 성신제피자를 창업한 성신제 대표를 만나 인터뷰한 적이 있습니다.

한때 '피자왕'이라는 별명과 함께

1994년 개인 종합소득세 110억 원을 납부해 이건희 삼성그룹 회장을 제치고 1위에 오르기도 했던 인물입니다.

하지만, 피자헛과의 경영권 분쟁을 시작으로 치킨 사업으로 영역을 넓혔다 IMF 파고를 이기지 못하고 파산했고, 2000년 초반에는 다시 피자 사업으로 재기에 나섰지만 도산과 파산 등 9번의 실패를 거쳤습니다.

암·위암·대장암·간암·췌장암 등을 앓으면서 20차례 가까이 수술을 받는 등 개인적인 삶도 편치 않았습니다.

그가 코로나로 자영업자들의 어려움이 절정에 달했던 2020년, 자영업자들에게 희망의 메시지를 주겠다며 낸 책,《당신의 계절은 온다(아직은 꿈을 이루지 못한 이에게 전하는 글)》를 선물해 왔습니다.

책이 전하는 메시지를 읽고, 코끝이 찡했던 기억이 여전합니다

"코스모스는 가을에 피는 꽃이니 화창한 봄날에 활짝 피어 있는 개나리 보고 질투할 필요는 없다. 곧 당신의 계절이 오니까…."

관상(觀相)은 신상(身相)만 못하고, 신상은 심상(心相)만 못하다

　　　　　어렸을 적 '존경하는 사람'을 꼽으라면, 단연 이순신 장군이나 세종대왕이 주인공이었습니다. 두 분 모두 쉽게 접할 수 있는 위인전의 주인공이었던 데다 우리 역사와 한 민족의 삶을 바꾸는 데 많은 영향을 미쳤던 인물이었기 때문입니다.

　재미있게 읽었던 역사책 가운데 《108가지 결정들》이 있는데, 105명의 역사학자를 대상으로 한민족의 운명을 바꾼 역사적 결정을 조사한 결과 세종대왕의 '한글 창제'를 가장 중요한 역사적 사건으로 꼽았던 것으로 기억합니다.

　실제, 한글이라는 우리 고유의 문자 체계가 없었다면 일제 강점기를 비롯한 여러 역사적 질곡 속에서 민족의 정체성을 유지할 수 있었을지 의심입니다.

　임진왜란 당시 일본의 침략으로부터 조선을 지켜낸 이순신 장군의 맹활약과 영웅적인 죽음도 우리 국민의 가슴을 뜨겁게 합니다.

철이 들어서는 백범 김구 선생을 가장 존경하는 인물로 꼽습니다.

아무래도, 이순신 장군이나 세종대왕이 벌써 500~600년 전 인물이었던 만큼 심리적 거리감이 있지만, 김구 선생은 불과 100년 전에 활약했던 만큼 더 가까운 인물로 느끼게 됩니다.

"독립 조국의 문지기가 돼 뜰을 쓸고 창을 닦아주고 싶다"라고 했던 그의 헌신과 끝까지 분단 조국의 현실을 극복하고자 했던 김구 선생의 애국애족 정신을 생각하면, 저절로 숙연해집니다.

한편으론 《백범일지》를 통해 우리 동포에게 전하려고 했던 문화 강국의 꿈이, 김구 선생 서거 100년도 안 돼 현실로 만들고 있는 우리 국민의 저력에도 감탄하게 됩니다.

"나는 우리나라가 세계에서 가장 아름다운 나라가 되기를 원한다. 가장 부강한 나라가 되기를 원하는 것은 아니다. 내가 남의 침략에 가슴이 아팠으니 내 나라가 남을 침략하는 것을 원치 아니한다. 우리의 부력(富力)은 우리의 생활을 풍족히 할 만하고, 우리의 강력(强力)은 남의 침략을 막을 만하면 족하다. 오직 한없이 가지고 싶은 것은 높은 문화의 힘이다. 문화의 힘은 우리 자신을 행복하게 하고 나아가서 남에게 행복을 주기 때문이다."

백범 김구 선생이 남긴 여러 말씀 가운데, 사실 가장 큰 울림으로 남은 건 《백범일지》에 적은 그의 젊은 시절 이야기입니다.

김구 선생의 인생을 바꾼 한 마디로, 백범은 "얼굴 잘생긴 관상(觀相)은 몸이 튼튼한 신상만 못하고, 몸이 좋은 신상(身相)은 마음씨 좋은 심상(心相)만 못하다. 심상이 좋으면 관상이나 심상이 좋은 것보다 낫다"라는 말을 꼽고 있습니다.

이 말을 김구 선생이 하신 건 아니었겠지만, 저는 김구 선생의 글을 통해 처음 접하게 됐습니다.

조선 말, 부정부패로 얼룩진 현실에 김구 선생이 과거에 급제한다는 건 불가능한 일이었습니다. 과거에 낙방한 김구 선생은 낙향해 "관상을 배우면 먹고는 살 것"이라는 아버님 말씀에 《마의상서》라는 관상책을 사 열심히 공부합니다.

그런데, 책에서 배운 대로 자기 얼굴을 살피다 크게 상심하고 맙니다. 가난과 살인, 비명횡사와 같은 온갖 역마살이 그의 관상에 묻어있었기 때문이죠. 김구 선생은 '내 관상이 이 모양인데, 누구의 관상을 봐주겠느냐'며 한탄했습니다.

이렇게 낙담했던 김구 선생은 "심상이 관상보다 낫다"라는 말에 용기를 얻고, 평생 좋은 심상을 가꾸며 살기 위해 애썼습니다. '식민지 조국의 광복을 찾고, 나라를 위해 충성을 다하며 살겠다'는 결심이 선 것도 이 말에서 비롯됐습니다.

좋은 관상이 타고나는 것이라면 좋은 신상과 심상은 자신의 노력으로 바꿀 수 있는 영역입니다. 인간의 운명이 타고난 관상으로 정해져 있다면 우리가 굳이 세상을 열심히 살 필요도 없겠죠. 결국 우리의 운명을 바꾸고 만들어 가는 건 우리 안의 마음입니다.

마음을 곱게 쓰면, 그 고운 마음이 얼굴과 마음에도 자연스레 묻어나기 나름입니다. "타고난 얼굴은 자신의 책임이 아니지만 마흔이 넘어선 자기 얼굴에 책임을 져야 한다"라고 했던 링컨 대통령의 말에도, 이런 뜻이 숨어있지 않을까요?

건강을 잃으면 전부를 잃는 것이다

2022년 한 해 동안 동갑내기 친구 3명이 이런 저런 이유로 세상을 먼저 떠났습니다.

'100세 시대'를 사는 우리의 시대상을 고려할 때 너무 안타까운 이별입니다. 중학교 동창인 A는 회사에 출근하지 않아 기숙사로 찾아가 보니 심근경색으로 이미 숨을 거둔 뒤였습니다.

대학원을 같이 다닌 B는, 제가 '천재'라고 평가했을 정도로 똑똑하고 대인 관계가 아주 좋았던 친구였는데 우연히 이태원 참사 현장에 있다 변을 당했습니다.

고등학교 동창인 C는 유쾌하고 사회적으로도 능력을 인정받아 열심히 살던 친구였는데, 대장암 진단 10개월도 안 돼 운명을 달리했습니다.

세 사람의 장례식장을 불과 6개월 사이에 다녀오면서, 평소에는 하지 않았던 삶과 죽음에 대해 생각해 봤습니다.

죽음에 대해서는 평소 진지하게 생각해 본 적이 없었는데, 한편으론 친구들의 허망한 죽음에 자기 생각이나 하고 있는 제 모습이 너무 이기적인 것은 아닌가 하는 자책이 들기도 했습니다.

누구나 한번 태어나면 죽는다는 게 우주의 섭리지만, 어느 시기에 어떤 모습으로 어떤 인생을 살고 세상과 이별하는 것이 좋을지 생각해 봤습니다. 자신은 물론 사랑하는 가족과 주위 사람들과 아름답게 이별할 수 있을지도 고민해 봤습니다.

아마도 주변 사람들에게 부담이 되지 않도록 가능한 건강한 상태에서, 사회적으로도 가치 있는 일을 오랫동안 지속하면서, 남들 사는 만큼은 오래 살고 싶은 게 인지상정일 겁니다.

건강에 관한 한, 항상 부모님께 감사한 마음으로 살고 있습니다.
건강한 육체를 주셨다는 점에서 그렇습니다.
어려서부터 이렇다 할 병치레 없이 건강한 편이었고, 여러 운동을 곧잘 할 정도로 괜찮은 운동신경도 물려주셨습니다.

건강한 신체를 가진 만큼, 그렇지 못한 사람들을 위해 할 수 있는 일도 열심히 해 왔습니다.

지금까지 누적 70회 이상의 헌혈을 해 대한적십자사 은장과 금장을 받을 수 있었던 건, 부모님 덕이 큽니다.

개인적으로는 타고난 건강을 유지하기 위해 노력도 많이 하는 편입니다. 카투사 시절, 미군들과 생활하며 그들을 가까이 지켜보면서 얻은 교훈 때문입니다.

'카투사로 군 복무를 하면서 가장 유익했던 경험은 뭘까'라는 질문에 저는 주저 없이 'PT(Physical Training)'를 꼽습니다.

영어 실력을 키울 수 있었던 것도, 또 다른 한국군 병사들보다 훨씬 자유로운 분위기에서 군 생활을 할 수 있었다는 점도 물론 장점이었습니다.

그러나 무엇보다 그들과 함께 생활하면서, 미군들이 자기 몸을 얼마나 소중히 생각하고 단련하는지를 가까이서 지켜볼 수 있어 좋았습니다.

저 역시 운동을 꾸준히, 열심히 해야겠다는 생각을 갖게 된 건 카투사 시절 체득한 최고의 교훈입니다.

사실, 대학에 다니다 국방의 의무를 다하기 위해 입대한 카투사들은 운동과는 거리가 먼 친구들이 대부분입니다.

일과가 끝난 후 자유 시간에도, 카투사들은 대부분 막사로 돌아가 책을 보거나 PC 게임에 몰두하는 반면 미군들은 자신의 계획에 맞춰 체육관(gym)에 가 많은 시간을 운동에 몰두하곤 했습니다.

매일 새벽 5시 40분이면 중대 단위로 모여 실시하던 PT도, 카투사들에게는 마지못해 억지로 하는 '노역'에 불과했지만 미군들에게는 소중한 체력 단련 시간이었습니다.

직업군인인 미군과 의무병(義務兵)인 카투사의 신분 차이에 따른 마음가짐의 차이가 있었겠지만, 이런 차이를 고려하더라도 미군들의 자기 몸 사랑은 충분히 인상적이었습니다.

이제 누가 시키지 않아도, 군 시절에는 그렇게 뛰기 싫었던 '2마일런'을 알아서 하는 나이가 됐습니다.

다행히 요즘은 우리 몸과 건강관리에 대한 인식이 사회 전반적으로 높아져, 자발적으로 운동을 하는 사람들이 많아졌습니다.

하지만, 종종 앞만 보며 달리다 건강을 해친 주변 사람들의 소식도 들리는 게 현실입니다. 각자의 이유야 있었겠지만, 건강관리를 너무 등한시 했던 건 아닌가 원망도 하게 됩니다.

"돈을 잃으면 적게 잃는 것이고, 사람을 잃으면 많이 잃는 것이고, 건강을 잃으면 전부를 잃는 것"이라는 말을 처음으로 한 사람이 윈스턴 처칠인지는 명확하지 않지만, 우리가 반드시 마음에 새겨야 할 명언이라는 점은 분명해 보입니다.

여행은 정신을
젊어지게 하는 샘이다

1995년 겨울, 25kg 여행 배낭을 메고 프랑스 행 비행기에 올랐습니다.

비행기는 국내선도 타본 적이 없던 터라, 비행기가 이륙을 위해 가속할 때 느꼈던 묵직한 무게감이 아직도 생생합니다.

목적지는 영국 런던. 45일간의 유럽 배낭여행 시작이었습니다.

프랑스 파리를 경유해 런던으로 가는 항공편이었는데, 기상 악화로 예정 시간보다 4시간이나 늦게 출발해, 결국 런던행 연결편을 놓쳐 하루를 파리에 머물게 됐습니다.

지금은 해외여행이 아주 자유롭지만, 당시만 해도 군 미필 남성은 2명의 신원 보증을 받은 후에나 해외여행이 가능한 시기였습니다.

태어나 처음으로 외국 땅에서, 또 항공사가 제공한 호텔에서 보낸 하룻밤의 기억은 두고두고 가슴을 설레게 합니다.

지금은 웃고 넘길 추억이 됐지만, 아주 당황스러운 경험도 했습니다.

영국 입국 심사 과정에서, 심사원과의 소통 문제로 입국이 2~3시간이나 늦춰지고 경찰까지 입회한 물품 검사를 하게 된 겁니다.

유럽 본토를 35일 넘게 여행하고 영국에서 체류하는 기간은 1주일 정도밖에 되지 않았지만, 마지막에 영국으로 돌아와 귀국 비행기를 런던에서 타는 까닭에 45일 후에나 떠나는 항공 티켓을 보여줬다 오해가 생겼습니다.

1990년대 중반, 선진국 사람들이 대한민국에 대해 가지고 있던 이미지가 지금처럼 좋지 못했기 때문에 '불법 체류'를 의심했던 것으로 보입니다.

또, 그때는 유럽 각국이 각각의 통화를 가지고 있어 영국 파운드화를 얼마 가지고 있지 않았던 것도 의심을 샀습니다.

경찰 조사를 받으면서 어느 정도 상황 파악이 돼, 자초지종을 설명하고 나서야 공항 밖으로 나올 수 있었습니다.

1995년의 배낭여행을 계기로, 제 인생의 버킷 리스트 하나가 생겼습니다.

죽기 전까지 최소 100개 이상의 국가를 여행해 보는 일입니다.

당시 첫 해외여행을 하면서 여행의 맛에 푹 빠졌기 때문입니다.

낯선 환경에서 새로운 사람들을 만나고, 교과서에서나 봤을 법한 건축물과 박물관을 여유롭게 노니는 건, 바캉스 한 번 제대로 해보지 못했던 저에게 완전히 새로운 경험이었습니다.

여행을 통해 때로는 완전한 고독 속에서 자신을 성찰하거나 미래에 대한 계획을 세울 수도 있었습니다.

저 역시, 장기간 혼자 했던 유럽배낭 여행 기간 동안 남은 대학 생활을 어떻게 하며, 앞으로 어떤 일을 하며 어떤 생각으로 살아갈지에 대한 고민 끝에 ROTC 입소를 포기하고 새로운 대학 생활을 모색했습니다.

혼자 하는 여행은 혼자 하는 여행대로, 또 사랑하는 사람들과 하는 여행은 그 나름대로 새로운 매력을 찾을 수 있습니다.

지금까지 개인적인 여행은 물론 기자 생활을 하며 취재를 겸해 다녀온 국가를 어림해 보니 대략 70개 나라 정도가 되는 것 같습니다.

'열심히 일한 당신 떠나라'라고 했던 어느 카드회사의 유명 광고 문구처럼, 열심히 일하고 어느 곳이든 새로운 나라를 경험해 보기 위한 여행을 떠났습니다.

지금 페이스대로라면 목표를 조금 더 높게 잡아 150개 국가로 다시 설정해야겠다는 생각도 듭니다.

특히, 가족과 함께 중국 베이징에서 연수했던 2013년부터 2014년까

지의 1년은 방학과 주말을 이용해 중국 주요 도시와 명소를 구석구석 누빈 시기입니다.

중국 현지 사람들보다 더 현지인답게 여행했고, 중국 사람들도 가 보거나 경험해 보지 못했던 오지 여행을 통해 잊을 수 없는 추억을 쌓았습니다.

'동화의 아버지'로 불리는 안데르센은 자신이 썼던 많은 작품의 영감을 여행에서 찾았습니다. 그리고 이런 말을 남긴 것으로도 유 명합니다.

"여행은 정신을 더 젊어지게 하는 샘이다."

낯선 곳을 여행하며 새로운 사람을 만나, 외국어로 대화하다 보면 청년 시절로 돌아간 자기 모습을 발견하곤 합니다.

우리가 사는 일상에 다시 힘을 내 열심히 일할 수 있게 하는 휴가가 있는 것처럼 여행은 인생의 휴가와도 같은 존재가 아닐까 합니다.

무한도전!

        언제부턴가 여러 명이 함께하는 술자리에
선 한 사람씩 돌아가며 건배사를 하는 문화가 우리 사회에 자리 잡
았습니다.

    건배사 후에는 반드시 짧은 건배 구호를 외치고, 이 건배 구호를 참
석한 사람들이 함께 외치면서 동료애와 우정을 키우곤 합니다.

    회사 회식에서는 이 짧은 '의식'을 통해 그동안 쌓였던 동료 선후배
직원들과의 반목과 갈등, 스트레스를 날려버리고 새로 잘해보자는 동
료애와 파이팅을 다지기도 합니다.

    건배사 문화를 '꼰대들의 전유물'이라고 생각하는 젊은 세대들도 있
지만, 일부 MZ세대들은 오히려 더 기발한 건배사로 자리를 같이한 선
배들을 놀라게 하기도 합니다.

    일반적인 건배 구호는, 건배 제의를 하는 사람이 우선 어떤 단어로

건배할지를 참석자에게 알리는 것으로 시작됩니다.

　그러고는 참석자들이 운을 띄우면, 그 운에 맞춰 짧은 문구로 의미를 설명한 후 건배사를 구호 삼아 잔을 비우게 됩니다.

　대표적인 건배 구호로 '청바지'를 꼽을 수 있습니다.

　청춘은 **바**로 **지**금부터'라는 의미의 건배사인데, 선배들의 정년퇴임을 기념하는 자리에서는 최고의 건배사가 될 수 있습니다.

　'이멤버 리멤버'도 기억에 남는 건배사입니다.

　자리를 함께한, 여기에 있는 사람 한 명 한 명을 영원히 기억하고 서로 같이 가자는 의미가 담겼습니다. 건배사를 하는 사람이 '이멤버'를 크게 외치면 나머지 사람들이 '리멤버(remember)'로 화답하고 잔을 비우는 식입니다.

　제가 가장 좋아하고, 애용하는 건배사는 '무한도전'입니다. 인기 예능프로그램 제목에서 비롯된 건배사인데, 무한도전에는 이런 의미가 담겨 있습니다.

　'**무**조건'
　'**한**없이'
　'**도**와주자'
　'**전**화하기 전에'

건배사를 하는 제가 '무한'을 외치면 참석자들이 '도전'으로 크게 화답한 후 잔을 비우게 되는데, 언젠가 '무한도전'이라는 건배사를 접하게 된 후부터 저의 '18번' 건배사가 됐습니다.

평소 제가 추구하는 삶의 가치를 담고 있다고 생각하기 때문입니다. 다만, '무조건' 도와주자는 말에는 '법과 제도가 허락하는 범위 내에서'라는 단서가 반드시 붙어 있어야겠습니다.

기자로 20년 넘게 살면서, 제가 취재하고 쓰는 기사가 누군가에게는 도움이 될 것이라는 기대를 하며 일했고 공적인 가치가 있는 일이라고 생각했기 때문에 더 열심히 일할 수 있었습니다.

독자와 취재원은 물론 가까이 있는 사람들에게도 '도움이 되는 사람이 되자'라는 다짐으로 살았습니다.

어떤 위치에서 무슨 일을 하든 '저로 인해 세상이 조금은 더 살기 좋은 곳이 됐으면 좋겠다'라는 생각으로 인생을 살겠다는 각오를 다집니다.
한편으론, 이런 마음가짐으로 살았다고는 하지만 사실 세상과 주위 사람들로부터 더 많은 도움을 받으며 살아왔다는 사실을 절감하게 됩니다.

사람은 사회적 동물입니다.

자기 혼자 잘 났다고 행복이나 성공이 보장되는 것은 절대 아닙니다.

오히려 자신의 부족함을 알고 다른 좋은 사람들의 도움을 기꺼이 받겠다는 넓은 마음을 가진 사람이 더 성공에 가까이 가게 마련입니다.

남을 돕는 것이 곧 나를 돕는 일이고, 그렇게 서로 돕겠다는 마음으로 살다 보면 저절로 더 좋은 세상이 될 것이라고 믿습니다. 오늘도 저는 그래서 함께한 여러분들과 힘차게 외칩니다.

"무한!"
"도전!"

행운은 노력하는 자를 찾아간다

2000년 4월, 매일경제신문사 수습기자로 입사해, 20년 넘게 기자 생활을 하는 동안 무수히 많은 사람을 만났습니다.

누군가 기자 생활의 가장 큰 장점을 꼽으라고 한다면 "사회 가장 기층의 바닥에서 하루하루 어렵게 살아가는 사람들부터 최고 권력자라는 대통령에 이르기까지, 다양한 분야의 여러 사람을 만날 수 있다"는 점을 들 수 있겠습니다.

수습기자 시절 만났던 서울역 노숙자부터 청와대 출입 기자 시절 만났던 대통령까지, 하루하루 새로운 사람들과 만나 그들의 인생을 간접적으로나마 경험할 기회가 됐습니다.

무엇보다, 보통 사람들이라면 쉽게 만나기 어려운 사람들, 특히 한 분야에서 일가를 이룬 전문가라든지 또는 사회적으로 존경받는 사람들과 경제적으로 성공한 사람들을 만나 자기 자신을 객관화해 볼 수 있다는 건 큰 장점입니다.

'3명이 함께 길을 가면, 그 안에 반드시 나의 스승이 있다(三人行 必有 我師)'라는 말처럼, 자신보다 훌륭한 사람들을 많이 만나 그들에게 여러 가르침을 받을 수 있었습니다.

어쩌면, 제 인생의 가장 큰 행운은 기자가 됐고, 20년 넘는 기자 생활 동안 저에게 많은 가르침을 준 다양한 사람을 만났다는 사실일지도 모르겠습니다.

다양한 분야에서 이른바 '성공했다'라는 평가를 받는 사람들을 만났습니다.

전기가 들어오지 않아 호롱불 밑에서 사회과부도에 나온 세계 지도를 보고 꿈을 키웠던 소년은 수천억 원대 자산가의 반열에 올랐습니다.

버스비가 없어 편도 5km 넘는 통학길을 매일 걸어 다녔다던 고등학생은 국내 굴지 기업의 전문 경영인이 됐고, 아버님을 여의고 학비가 없어 상급 학교에 제대로 진학하지 못했던 소년은 고위 공무원을 거쳐 국회의원이 되기도 했습니다.

이렇게 나열한 사람들 외에도, 성공한 사람들을 만나 인터뷰하고 교류하면서 가장 많이 들은 얘기가 있습니다. 바로 "운이 좋았다"라는 말입니다.

한두 사람에게 들은 얘기가 아니어서, 도대체 '운이 좋다'는 건 무엇인지에 대해 깊이 고민해 보기도 했습니다.

그들에게는 가장 어려운 시기에 자신에게 손을 내밀어 준 사람이 있었고, 위기가 왔을 때는 우연히라도 묘안을 찾아낼 수 있었고, 부도 위기에서는 자신을 믿고 투자해 준 은인이 있었습니다.

'그냥 하는 얘기겠거니' 생각하면 오산입니다.

실제로, 이른바 성공했다는 사람들은 '운칠기삼(運七技三)'이라며 자신의 성공에는 행운의 몫이 컸다고 입을 모아 얘기하곤 합니다.

일본에서 '경영의 신'으로 추앙받는 파나소닉 창업자 마쓰시타 고노스케는 "내가 거둔 성공 중 노력에 의한 것은 1퍼센트에 지나지 않고, 나머지 99퍼센트는 운이 좋았기 때문"이라고 말하기도 했습니다.

그러다, 어느 영화의 대사에서 성공한 사람들이 공통으로 얘기했던 '행운(幸運)'의 실체에 대해 듣고 무릎을 치는 깨달음을 얻을 수 있었습니다. "행운은 눈이 멀지 않아서 노력하는 자를 찾아다닌다"라는 말을 듣고서였습니다.

"운이 좋았다"라는 주인공의 말에, 그가 얼마나 기회를 잡기 위해 처절히 노력했고 준비해 왔는지를 가장 가까이서 지켜봐 온 이가 해 준 말이었기에 울림이 컸습니다.

운이 좋았다는 건, 거꾸로 행운이 다른 사람도 아닌 그 사람에게 찾아왔다는 것이고, 행운을 기회로 만들 능력을 갖추고 있었기 때문에 행운이 성공의 밑거름이 될 수 있었던 셈입니다.

그렇다면, 행운은 성공한 사람에게만 찾아갔을까요? 아마도, 다른 여러 사람에게도 행운은 찾아왔었을지 모릅니다. 다만, 행운이 찾아왔었다는 사실조차 모르고, 행운을 그대로 넘겨버린 이가 더 많았겠죠.

행운이 왔을 때, 이를 성공의 기회로 삼기 위해선 준비가 돼 있어야 합니다. 행운은 그래서, 그동안 살아온 삶의 궤적과 노력에 대한 보상일 수도 있고 스스로 찾아낸 기회일 수도 있습니다. 여러분은 행운을 잡을 준비가 돼 있나요?

대중은 꿈을 꾸지만
리더는 꿈을 현실로 만든다

기자 생활을 하면서 만난 사람 중에, 당장 의식했던 일은 아니었겠지만 훗날 저의 삶에 많은 변화를 준 사람들이 꽤 있습니다.

그 가운데 한 명이 박현주 미래에셋 회장입니다.

샐러리맨이었던 박 회장은 안정된 직장을 버리고, 정글과도 같은 금융 투자의 세계에 뛰어들어 창업 30년도 안 돼 국내 최대 금융투자를 일군 인물로 유명합니다.

자본금 500억 원으로 시작해 자기자본 10조 원 증권사를 만들었고, 이렇다 할 포장길도 없던 강원도 두메산골 홍천에는 세계 최고 수준의 골프장과 호텔을 만들었습니다.

박 회장과는 매경이코노미 증권팀 기자로 일할 때 2~3차례 인터뷰했던 게 인연이 돼 몇 차례 더 만난 일이 있습니다.

만날 때마다 깊이 생각해 볼 화두를 던져줬고, 성공한 투자자와 기업가로서의 직관과 통찰력도 대단했다고 생각합니다.

개인적으로는, 2008년 초쯤 만나 점심을 같이 먹었을 때가 가장 인상적이었습니다. 어쩌면, 많은 기자를 만났던 박 회장으로서는 기억하지 못할 수도 있겠습니다.

당시, 이명박 정부가 막 출범해 미디어법 개정 등에 대한 논의가 한창이었고 종합편성채널이라는 새로운 방송 시장이 열릴 것으로 예상되던 시점이었습니다.

박 회장은 점심 자리에서 "새로운 방송사들이 등장할 테고, 시장이 확대되면 종사자들의 몸값이 높아질 거다. 텍스트 위주의 신문 기자보다 방송기자 우대 현상이 커질 수밖에 없으니 기자들에게는 새로운 기회가 될 것이다"라는 요지의 말을 했습니다.
그러면서, 제게도 방송하는 게 기자로서 더 좋은 기회를 만들어 갈 수 있을 것이라는 말도 했습니다.

마침, 9년 정도 매경이코노미에서 일하며 어느 정도 기자 생활에 관성이 생겨 매너리즘에 빠져 있을 때였던 터라, 박 회장의 말은 많은 생각할 거리를 던져주었습니다.

그해 5월 계열사 간 이동 과정을 거쳐 매일경제신문사에서 MBN으로 소속을 옮기게 된 데도 박 회장의 조언이 영향을 미치지 않았다고는 못할 것 같습니다. 언제, 기회가 되면 "감사하다"라는 말을 전해야 할 것 같습니다.

박 회장이 2021년, 코로나를 계기로 유튜브에 나와 당시의 투자 흐름을 설명하고 개인 투자자들이 ETF(상장지수펀드)에 대해 더 많은 관심을 가져야 한다고 웅변한 것도 인상적이었습니다.

이제 몸이 무거워진(?) 만큼 뒷짐이나 지고 체면치레나 하면 될 것 같은데도, 여전히 열정적이었습니다.

흔히 박현주 회장을 얘기할 때, 사람들은 미래의 흐름을 예견한 '직관'과 '통찰력'에 집중하곤 합니다.

하지만, 그의 통찰력은 꿈을 현실로 만들기 위한 실행력이 없었다면 결코 빛을 발하지 못했을 겁니다.

그 자신이 "대중은 꿈을 꾸지만 리더는 꿈을 현실로 만드는 사람"이라고 했던 것처럼, 박 회장은 왜 자신이 한국 금융시장의 선구자로 평가받을 수 있었는지를 성과로 보여준 인물이기도 합니다.

수험생들에게는 "지금 잠을 자면 꿈을 꾸지만, 지금 공부를 하면 꿈을 이룬다"라는 말이 유행입니다.

이 말은 비단 수험생뿐 아니라 성인에게도 맞는 말일 겁니다.

지금 잠을 자면 당연히 꿈을 꿀 수 있겠지만, 실행에 옮기면 그 꿈을 현실로 만들 수도 있습니다. 성공한 사람들이 공통으로 하는 "생각보다 중요한 건 실행"이라는 말도 다시 한번 되새겨 보게 됩니다.

대중은 꿈을 꾸는 데 그치지만, 리더는 그 꿈을 현실로 만들기 위해 지금도 땀을 흘리고 있는 사람들입니다.

헌혈은 사랑입니다

　　내가 가진 것이 많아, 가지지 못한 사람과 나눌 수 있다는 건 행복한 일입니다.

　나로 인해 세상이 조금이라도 더 살기 좋은 곳이 됐다거나, 나로 인해 웃을 수 있는 사람이 있다는 것 역시 세상을 사는 큰 보람일 겁니다.

　나의 나눔으로 웃음을 찾을 수 있는 일이 있다면, 그야말로 최고의 행복이 아닐까 합니다.

　제게는 그런 나눔의 행복을 실천하는, 제 나름의 보람과 행복을 실천하는 습관이 있습니다. 바로 정기적인 헌혈입니다.

　저의 여러 버킷리스트 가운데 하나는 대한적십자사에서 수여하는 '헌혈 명예장' 수상입니다. 대한적십자사에서는 일반인들의 헌혈을 독려하기 위해 헌혈을 자주 하는 사람들을 대상으로 여러 단계의 포장을 수여하고 있는데, 누적 헌혈 100번을 기록하면 헌혈 명예장을 받을 수 있습니다.

누적 헌혈 30회 때는 은장을, 50회 때는 금장을 수여하고 300회를 넘긴 사람에게는 최고 명예대장의 영예를 선사하고 있습니다.

지금까지 대략 70회 이상 헌혈을 해 왔으니, 헌혈 명예장은 이제 머지않아 달성할 수 있는 목표가 됐습니다.

헌혈과 관련한 자료를 찾아보니 무려 700회 넘게 헌혈에 참여한 분이 있어 무척 놀랐습니다. 혈소판과 혈장 등의 성분 헌혈을 2주에 한 번 할 수 있는 걸 고려할 때, 1년에 최대로 할 수 있는 회수가 26회이고, 여기서 무려 30년 가까이를 2주 단위로 해야 가능한 일이기 때문입니다.

대학 시절과 군 시절에도 종종 헌혈하긴 했지만, 본격적으로 기회가 될 때마다 헌혈에 동참하게 된 건 장모님의 혈액암 투병과 코로나19가 계기가 됐습니다.

혈액암 투병 중에 돌아가신 장모님의 수혈을 위해 헌혈의 집을 찾았고, 곧이어 코로나19로 인해 혈액 보유량이 급감했다는 소식이 더해 시간적인 여유가 생길 때마다 헌혈에 동참했습니다.

헌혈의 집에서 본 "헌혈은 사랑입니다"라는 글귀를 보며, 헌혈은 건강한 사람만이 할 수 있는 인류애의 실천이라는 생각도 했습니다.

평소 누구보다 건강을 자신했던 만큼 건강이 허락하는 한 적극적으로 헌혈에 동참해야겠다는 의지를 굳혔습니다.

헌혈 후에 먹는 초코파이의 달콤함은, 훈련병 시절 맛봤던 초코파이 못지않고, 헌혈 기념품으로 받는 영화표로 보는 영화 역시, 자기 돈으로 사서 보는 영화와 차원이 다른 재미를 줍니다.

헌혈에 대한 심리적 장벽, 예를 들어 두꺼운 바늘에 대한 공포감 등이 장애가 되긴 하지만 헌혈은 생각보다 훨씬 간단한 일입니다.

저 역시 '왜 더 일찍부터 헌혈에 적극 동참하지 않았을까?'라는 후회가 들 정도로, 헌혈을 통해 얻는 보람이 큽니다.

점심시간이나 주말 시간을 이용해 헌혈에 동참해 온 건, 헌혈자에게는 바늘주사로 인한 '1초의 따끔'일 수 있지만 수혈자에게는 소중한 생명이라는 믿음 때문입니다.

50회 명예장을 받을 때는, 그동안 모았던 헌혈증서를 기자협회에 기증해, 언론인 가족 중에 수혈이 필요한 사람들이 사용할 수 있도록 했습니다.

헌혈에 정기적으로 참여하면서, 기회가 될 때마다 가까운 사람들에게 헌혈에 동참해 볼 것을 권하곤 합니다.

종종 방송을 통해서도 혈액 비축량이 부족하다는 점을 알리거나 '세계 헌혈의 날'을 소개하는 등 자발적인 헌혈 홍보대사 역할도 열심히 수행해 왔습니다.

인구 고령화와 저출산 기조가 굳어지면서 헌혈 인구와 헌혈 건수가 갈수록 주는 현실을 생각하면, 헌혈에 나서는 사람들의 저변을 넓혀야 합니다.

지금 건강하다면, 그리고 나눔의 행복을 체험해 보고 싶다면 당장 가까운 혈액원에 가보는 건 어떨까요? 헌혈을 할 수 있을 정도로 건강하다는 데 대한 감사함과 보람에 저절로 엔도르핀이 솟아날 겁니다. 헌혈 후 골수를 통해 만들어진 새로운 피가 더 젊은 여러분을 만들 수도 있습니다.

3장

인생을 사랑한다면,
시간을 사랑하라

오늘은 남은 인생의
가장 젊은 날

SNS와 같은 사회관계망 서비스의 발전에는 양면성이 있습니다. 온라인에서의 교류가 오프라인에서의 만남을 대체하면서 사람과의 관계를 멀어지게 할 수 있습니다. 반면, 1대 다수의 소통을 통해 개인과 대중의 커뮤니케이션을 강화하고, 또 한 번 맺은 인연을 오래 이어갈 수 있도록 하는 장점도 있습니다.

결국, SNS를 어떻게 인식하고 인간관계를 맺거나 유지하고, 또 강화할 수 있는지는 개인의 의지에 달려 있다고 봅니다.

그런 면에서 저는, SNS가 자주 보지는 못하더라도 최근의 안부와 근황을 확인할 수 있는 중요한 소통 수단으로 생각하고 자주 활용하는 편입니다.

최근 통계를 보면, 전 세계 SNS 사용자는 전체 인구의 60%가 넘는 48억 8000만 명으로, 1인당 하루 평균 2시간 26분 동안 SNS를 사용하는 것으로 조사됐을 정도입니다.

하루 평균 자는 시간을 7~8시간으로 계산하면, 대략 깨어있는 시간의 15%를 SNS에 소비하고 있다는 계산입니다.

특히, '국민 메신저'로 통하는 카카오톡은 대한민국 국민이라면 누구나 애용하는 SNS입니다.

개인당 하루 평균 이용 시간이 32분에 달하는데, 대외 활동이 많은 기자에게는 없어서는 안 될 중요한 소통 수단이자 다양한 정보를 공유할 수 있는 정보의 창고이기도 합니다.

카카오톡이 제공하는 여러 서비스 가운데, 개인적으로 가장 잘 이용하는 건 친구 생일 알림 서비스입니다.

매일 매일, 카카오톡으로 연결된 친구 가운데 생일을 맞은 사람이 누구인지를 따로 표시해 알려주는데, 제가 이런 친구 생일 알림이 있다는 걸 처음 알게 된 건 아마도 2015년쯤이 아닌가 기억합니다.

해당 서비스의 기능을 알고부터는, 생일을 맞은 친구 가운데 적어도 저를 기억할 정도의 사람이라고 생각하는 친구들에게는 꼭 생일 축하 메시지를 보내왔습니다.

햇수로 벌써 8년 넘게 해 왔으니, 생일 알림 설정을 해 놓은 카톡 친구들이라면 아마도 저의 생일 축하 메시지를 대부분 1대 않았을까 생각합니다.

오전 시간에 바쁜 일정으로 메시지를 못했다면, 하루를 마감하는 시간에라도 축하 메시지를 보내는 게 습관이 됐습니다.

사실, 거창한 것 없는 생일 축하 메시지지만 그래도 저의 축하 메시지에는 상대방의 '존재 자체에 대한 축하'의 의미가 담겼습니다.

이 세상에 태어난 것만으로도 축하할 일이고, 지금까지 살아서 생일을 또 맞았으니 축하할 일이고, 생일 하루만큼은 더 특별히 즐겁고 행복하게 보냈으면 하는 바람이 담겼습니다.

이런 축하 메시지에 대한 답변 가운데 어떤 분들은 "이제 나이 먹는 게 반갑지 않다", "나이만 먹고 있다"라는 답변을 보내곤 합니다.

한국 중년 남성들의 쑥스러움이 묻어난 표현이라고는 하지만, 그럴 때면 저는 "오늘은 남은 인생의 가장 젊은 날"이라는 말로 축하의 의미를 더하곤 합니다.

실제로, 오늘은 남은 인생의 가장 젊은 날이고, 내일은 또 우리가 모를 완전히 새로운 날이 될 테니 오늘을 가장 소중히 살아야 한다는 생각입니다.

기자 생활을 하며, 정부와 민간 부문에서 일하는 주요 간부급 인사들과 만든 친목 모임이 하나 있습니다.

모임의 이름은 '삼금회'. 세상에서 가장 소중한 세 가지 '금'을 기억하며 살아가자는 의미가 담겼는데, 소중한 세 가지의 금은 현금과 소금, 그리고 지금입니다.

현대 자본주의를 살면서 현금이 중요하다는 걸 모르는 이는 없을 일이고, 소금은 인류의 먹거리 역사를 바꾼 중요한 조미료입니다.

특히, 기독교에서는 소금이 물건이 썩는 것을 막고 음식의 맛을 나게 한다는 점에서, 사회도덕을 순화하고 향상하는 참된 신도의 사명을 비유적으로 표현하고 있습니다.

지금은 우리에게 주어진 현재의 시간입니다. 과거와 미래, 현재 가운데 가장 중요한 것은 물론 현재입니다.

현재를 말하는 영어 'present'의 다른 뜻이 '선물'이라는 건 우연이 아닌지도 모릅니다.

현재를 즐겨라(Carpe Diem)

1980~1990년대 정서를 공유하는 사람들이라면 '카르페디엠(Carpe Diem)'이라는 말을 한 번쯤을 들어봤을 것으로 생각합니다.

카카오톡 프로필에 아마도 가장 빈번하게 쓰이는 표현이 'Carpe Diem'이 아닐까 생각이 들 정도로 많은 분이 애용하는 문구이기도 합니다.

어떤 분은, 카카오톡 프로필에 등산복 차림으로 산 정상에 찍은 사진과 함께 'Carpe Diem' 문구를 적은 사람이 있다면 막 은퇴했거나 은퇴를 앞둔 사람일 가능성이 크다고 얘기하더군요. 경험적으로 봤을 때, 정말로 그런 경우가 많은 것 같기도 합니다.

대한민국 사람에게 가장 친숙한 라틴어가 'Carpe Diem'이 아닐까 합니다.

'현재를 즐겨라'라는 뜻으로 번역돼 소개된 'Carpe Diem'은, 1989년 개봉했던 영화 〈죽은 시인의 사회(Dead Poet's Society)〉에서 배우 로빈 윌리엄스가 연기한 존 키팅 선생님이 학생들에게 했던 말입니다.

키팅 선생님은 흑백 사진으로 남은 선배들의 이야기를 학생들에게 전하며 "카르페 디엠, 오늘을 즐겨라, 소년들이여. 너의 인생을 특별하게 만들라"라고 주문합니다.

키팅 선생님의 이 대사는 미국 영화 연구소(AFI)가 2005년 선정한 미국 영화 역사 100대 명대사에 올랐을 정도로 보는 이들에게 큰 감동을 줬습니다.

사립학교의 엄격한 규율을 훼손하게 했다는 이유로 키팅 선생님이 전출 명령을 받을 때, 학생들이 하나둘 일어나 "Oh, captain. My captain"을 외치며 선생님을 기념하는 장면은 언제 봐도 뭉클합니다.

'Carpe Diem'은 기원전 활동한 로마의 위대한 시인 호라티우스가 쓴 단편 시의 부분 구절입니다.
그는 시에서 '미래는 알 수 없는 것'이라며 '현재를 즐길 것'을 이야기했는데, 한국어로 옮긴 시의 내용은 아래와 같습니다.

알려고 묻지 말게,

신들이 나에게나 그대에게나 무슨 운명을 주었는지 안다는 건 불
경한 일.

레우코노에여, 점을 치려고도 하지 말게.

더 나은 일은, 미래가 어떠하든 주어진 대로 겪어내는 것이라네.

유피테르 신께서 그대에게 주시는 게, 더 많은 겨울이든, 마지막
겨울이든.

지금 이 순간에도 티레니아해의 파도는 맞은 편의 바위를 깎고 있네.

현명하게나. 포도주는 그만 익혀 따르고, 짧은 인생, 먼 미래로 기
대는 줄이게.

지금 우리가 말하는 동안에도, 인생의 시간은 우릴 시기하며 흐
른다네.

오늘을 즐기시게. 미래에 대한 믿음은 최소한으로 해두고.

(Carpe diem, Quam minimum credula postero.)

'Carpe Diem'을 떠올릴 때마다 저는, '지금 현실을 즐겨라'라는 말과
함께 영화 〈티벳에서의 7년〉에 등장했던 티벳 속담 "걱정을 해서 걱
정이 없어지면 세상에 걱정이 없겠다"라는 말을 떠올립니다.

현실을 즐기기 위해선 쓸데없는 걱정을 줄여야 한다고 생각하기 때
문입니다.

불확실하고 불안한 미래에 대한 대비는 꼭 필요하지만, 실현되지도 않을 걱정에 인생을 허비해선 결코 행복해질 수 없습니다.

걱정으로 인생을 보내기에 우리 인생은 너무 짧습니다.

캐나다 심리학자 어니 젤린스키는 자신의 책《모르고 사는 즐거움》에서 "걱정의 96%의 걱정거리는 쓸데없는 것"이라면서 "우리가 걱정하는 일의 40%는 절대 일어나지 않고, 30%는 이미 일어났기 때문에 걱정해도 없어지지 않을 것들"이라고 썼습니다.

그러면서, 나머지 22%는 사소한 것들이고, 불과 4%만이 우리가 바꿀 수 있는 것이라고 했습니다.

걱정에 관해 성철 스님이 설법을 통해 중생들에게 전했다는 말도 인상적입니다.

성철 스님의 걱정에 대한 조언은 유튜브에도 여러 버전으로 제작돼 많은 사람이 위안받고 있습니다.

"다들 너무 걱정하지 마라. 걱정할 거면 딱 두 가지만 걱정해라.

지금 아픈가? 안 아픈가?

안 아프면 걱정하지 말고, 아프면 두 가지만 걱정해라.

나을 병인가? 안 나을 병인가?

나을 병이면 걱정하지 말고, 안 나을 병이면 두 가지만 걱정해라.

죽을병인가? 안 죽을병인가?

안 죽을병이면 걱정하지 말고 죽을병이면 두 가지만 걱정해라.

천국에 갈 거 같은가? 지옥에 갈 거 같은가?

천국에 갈 거 같으면 걱정하지 말고, 지옥에 갈 거 같으면,

지옥 갈 사람이 무슨 걱정이냐?"

가장 공평한 것은 시간이다

고등학교를 졸업하고 대학에 진학해 결혼 전까지 서울 강서구 화곡동의 큰 누님 댁에 신세를 졌습니다.

강서구청에서 공무원으로 근무하셨던 큰 매형께서 기꺼이 서울로 진학한 제가 머물 수 있도록 해주셨고, 15평 주공 아파트에서 어린 조카 두 명과 몇 년간은 한방을 쓰며 대학 시절을 보냈습니다.

지금 생각하면 '어떻게 그렇게 살 수 있었을까?' 싶지만, 그때는 또 그렇게 살았습니다.

마음 씀씀이가 자상했던 큰 매형과 누님께 큰 신세를 졌고 지금도 항상 감사한 마음입니다.

문제는 화곡동에서 대학이 있던 용산구 한남동까지 교통편이 그리 편치 않았다는 점입니다.

지금은 지하철 노선이 대폭 확대됐지만, 1990년 중반까지도 5호선 공사가 한창이었고 한남동에는 지하철 대신 국철만 운행하고 있었기 때문입니다.

어쩔 수 없이 버스를 갈아타고 다녔는데, 90년대 서울 시내의 교통 체증은 지금보다도 심해서 대략 편도 한 시간 이상의 시간이 걸렸습니다. 차가 좀 더 막힌다는 생각이 들 때면 한 시간 30분은 족히 걸렸습니다.

최소 하루 왕복 2시간 이상을 길 위에서 보낼 수밖에는 없었습니다. 통학길이 고된 건 둘째였고, 허투루 보내는 시간을 무척 아쉽게 느낄 때가 많았습니다. 지하철에서는 책이라도 읽는 게 가능했지만, 흔들림이 많은 버스에서 책을 보는 건 불가능했습니다.

그러던 중, 큰 매형께서 좋은 말씀을 해주셨습니다.

"책을 보기는 어렵겠지만 음악을 듣는 것처럼 영어를 듣는 데는 아무 어려움이 없으니, 영어를 들으면서 다니라"는 말씀이셨습니다.

큰 매형의 말씀에, 자칫 허비할 수 있었던 통학 시간은 유익한 영어 공부 시간으로 변했습니다.
당시만 하더라도 MP3나 스마트폰이 없었던 시기라 영어가 녹음된

카세트테이프 교재를 듣는 식이었는데, 하루 2시간이면 YBM에서 제작한 시사 영어 교재를 2번쯤 들을 수 있었던 시간으로 기억합니다.

언어는 사실 얼마나 자주, 또 오래 해당 언어에 노출돼 있는지에 따라 실력이 달라지는 특징이 있습니다.

매일 하루 두 시간씩 영어 교재를 듣다 보니 영어 실력 역시 크게 늘었고, 대학을 졸업할 때쯤에는 AFKN에서 나오는 미국 현지 뉴스도 쉽게 알아들을 수 있는 경지에까지 올라 있었습니다.

당시만 하더라도 토익 고득점순으로 선발했던 카투사 시험을 손쉽게 통과하고, 미군 부대에서 군 복무를 할 수 있었던 것도 통학 시간을 헛되이 쓰지 않고 영어 공부 시간으로 활용했던 게 큰 힘이 됐습니다.

이런 소중한 경험을 후배들에게도 꼭 전하고 싶었습니다.

2022년 모교 신입생을 대상으로 영상 편지를 전할 기회가 있어 가장 먼저 한 이야기도 그래서 "시간을 보람 있게 사용해 달라"는 주문이었습니다.

신입생들에게 전했던 대략의 메시지는 다음과 같습니다.

"이재용 삼성그룹 부회장과 여러분이 지금 가진 것에는 표현하기 어려울 정도의 차이가 있습니다. 그러나, 여러분이 이 부회장이 똑같이 가진 게 있습니다. 바로 시간입니다. 세상은 원래 공평하지 않지만, 시간은 공평합니다. 이 부회장에게도 하루는 24시간, 여러분에게도 하루는 24시간이 주어집니다. 오히려, 훨씬 젊은 여러분은 이 부회장보다 훨씬 더 많은 시간이 있습니다. 시간을 소중히, 잘 활용해 주시기를 바랍니다. 지금 보내는 시간이 미래의 여러분을 좌우할 것입니다."

발명왕 에디슨은 "변명 중에 가장 어리석고 못난 변명은 시간이 없어서라는 변명"이라는 말로 시간 관리를 제대로 하지 못하는 사람들의 어리석음을 지적했습니다.

시간은 기성세대가 아니라 청년 세대의 편에 있습니다.

시간을 잘 잡으세요.

줄까 말까 할 때는 주고, 말할까 말까 할 때는 말하지 말라

MZ세대가 자주 이용하는 직장인 커뮤니티에 많이 등장하는 고민 상담 또는 고발(?) 내용 가운데 하나가 지인의 결혼식 참석 여부와 축의금 액수에 관한 얘기입니다.

대개 "가도 되고, 안 가도 될 것 같은 결혼식인데 꼭 참석해야 할까요?", "축의금을 얼마나 해야 하는 게 적당할까요? 5만 원은 너무 적고 10만 원은 너무 많은 것 같은데", "제 결혼식에 오지 않았었는데, 저도 안 가도 되겠죠?" 와 같은 질문을 올리면 각자 생각하는 조언을 해주는 방식인데, 축의금 액수와 관련한 논쟁은 꽤 뜨겁습니다.

'받은 만큼은 돌려줘야 한다'라거나 '가서 식사하지 않을 경우, 식사비만큼은 축의금을 줄여도 된다'라는 부류의 반응이 많은 걸 보면, 과거 기성세대들이 가졌던 '체면 문화'는 어느 정도 사라지고 MZ세대들의 합리적인 실용주의가 자리 잡는 과정이라고 생각합니다.

축의금 문제는 논외로 하고 갈까 말까 할 때는 가는 게 좋습니다.

이런 삶의 소소한 고민과 관련해, 짧지만 의미 있는 이야기를 대학원 과정에서 들었습니다.
꽤 깨달음이 컸던 터라 정성스레 받아 적고, 이후 저의 행동에 중요한 기준으로 삼고 생활해 왔습니다.

교수님이 당시 해주신 말씀은 '할까 말까 할 때는 하라'는 추천이었습니다.
'갈까 말까'라는 고민에 대한 답이 '가라'인 것처럼 '할까 말까'라는 선택의 기로에선 '하는 게 좋다'는 게 교수님 말씀입니다.

아마도 대학원 과정에 있는 사람들이 대부분 본격적인 사회생활을 시작하지 않은 젊은 학생들이어서, 자신이 살면서 쌓아온 삶의 지혜를 공유하기 위한 말씀이 아니었나 싶습니다.

실제 심리학에서는 행동해서 후회하는 것과 행동하지 않아서 후회한 것에 대해 얼마나 후회하고 있는지, '후회의 정도'를 검증한 실험이 있습니다.

실험 결과를 보면, 단기적으론 자신이 한 일에 대해 후회가 하지 않은 일에 대한 후회보다 더 컸습니다. 우리가 흔히 집에 돌아가 혼자 잠

자기 전 '이불킥'을 하는 이유입니다.

하지만, 반대로 시간이 지나 장기적으로는 하지 않은 일에 대해 후회가 했던 일에 대한 후회가 더 커지는 경향을 보입니다.

특히, 어느 정도 인생을 뒤돌아볼 정도의 나이가 됐을 때, 후회하는 일들을 꼽을 때면 '했던 일'보다 '하지 않았던 일'에 대한 후회와 미련의 정도가 컸던 것으로 조사됐습니다.

생각해 보건대, 했던 일에 대한 후회는 결과에 따라 빠른 피드백을 통해 잘못된 일을 수정해 후회를 줄여갈 수도 있습니다.

반대로, 하지 않은 일에 대한 결과는 그 상태에 머물러 있거나 더 악화될 수도 있으므로 후회의 감정은 더 커지게 됩니다. 어차피 후회하게 될 일이라면, 해보고 후회하는 게 좋습니다.

'줄까 말까 할 땐 줘라'라는 말도 있습니다. 이왕이면 베푸는 마음으로 살다 보면, 언젠가 자신이 쌓아온 덕이 돌아오는 걸 자각하게 될 때가 많습니다.

다만, 하지 않는 게 좋은 일도 있습니다.
바로 불필요한 말입니다.

가끔, 사람들과 얘기하다 보면, 특히 꼰대 부장들이 하는 말 중에 종종 "이거 내가 말해도 되나~"라는 말로 운을 띄운 후, 시키지도 않는 말을 늘어놓을 때가 있습니다.

이렇게, 말해야 하나 말아야 하나를 고민할 땐 말하지 않는 게 좋습니다.
굳이 말하지 않아도 될 말을 하는 건, 설화의 가능성만 높아질 뿐 신상에 도움이 되지 않는 때가 많습니다.

같은 맥락에서 먹을까 말까 고민할 때는 먹지 않아야 합니다.
먹을까 말까를 고민할 정도라면 이미 충분히 먹고 난 다음의 고민일 때가 많습니다.

허기가 여전한 상태에서는 이런 고민을 할 이유가 없기 때문입니다.

의사들이 조언하는 것처럼, 과식보다는 조금 부족하다고 생각할 정도로 먹는 게 건강에 좋을 뿐 아니라 장수의 비결이 되기도 합니다.

오늘 걷지 않으면
내일 뛰어야 한다

　　　　　MZ세대를 중심으로 '욜로(YOLO : You Only Live Once)'라는 말이 유행입니다.

　한 번 밖에는 살지 못하는 인생, 후회 없이 재밌고 행복하게 살자는 말이죠. 현재 자기 행복을 가장 중요하게 생각하는 생활 태도, 특히 소비 행태를 말하고 있습니다.

　이런 생각을 공유하고 있는 사람들을 욜로족이라고 합니다.
　욜로족들은 내 집 마련이나 노후 준비와 같은 미래에 대한 준비보다 현재 내가 살고 있는 삶의 질을 높일 수 있는 곳에 많은 지출을 하고 있습니다.

　산업화 시대, 우리는 주어진 자리에서 열심히 공부하고 일하면 지금보다는 나은 삶을 살 수 있다고 믿고 살았고 또 실제로 그렇게 됐습니다.

하지만 우리 경제의 저성장이 굳어지면서 이제 아무리 열심히 일하고, 노력하고 저축해도 어쩌면 우리 아버지 세대보다도 더 잘 살기 어렵게 되는 건 아닌지를 걱정하는 시대가 됐습니다.

자연스레, 지금 노력해도 안 될 바엔 차라리 현재의 삶을 즐겁고 행복하게 살자고 하는 생각이 들게 마련입니다. 욜로족을 마냥 비난만 하기는 어려운 것도 같은 이유라고 생각합니다. 또, 하루하루를 열심히 살아온 자신에게, 남은 인생을 더 열심히 살아갈 희망과 용기를 줄 수 있는 약간의 보상은 꼭 필요한 일입니다.

사실, 욜로라는 말이 기업의 마케팅에 활용되면서 '노세, 노세 젊어 노세'라는 의미로 변질된 측면이 있지만 욜로의 첫 의미는 '보람 있는 삶을 살자'는 쪽에 가까웠습니다.

팝송 가사로 쓰였던 'You only live once'를 오바마 전 미국 대통령이 건강보험 개혁안 홍보에 활용하면서 대중들에게 알려졌기 때문입니다.

우리의 인생은 생각보다도 훨씬 긴 장거리 마라톤입니다.

아무도 자신할 수 없는 미래를 대비하기 위해선 정교하게 짠 미래에 대한 계획과 비전, 또 현재 자신에게 주어진 일을 묵묵하고 꾸준하게 실행하려는 끈기가 있어야 합니다. 욜로로 살던 청년 세대들이 다시 '갓생(God + 인생)'의 삶으로 돌아오고 있다는 흐름도 감지되고 있습니다.

1998년, 대학 졸업을 앞두고 조금은 늦은 나이에 현역으로 군에 입대했습니다.

아무 준비 없이 입대를 미룬 것은 아니었고 영어 공부를 열심히 해 좋은 성적으로 카투사로 입대할 수 있었습니다.

카투사는, 자대 생활은 미군과 함께 하지만 훈련 과정은 일반 현역과 똑같이 받습니다.

저 역시 1998년 1월 16일, 논산 육군훈련소에 입소해 6주간의 기초 군사 훈련을 받았습니다. 훈련소를 경험한 사람이라면 누구나 두 가지 경험을 가장 힘들게 기억할 것으로 압니다. 바로 화생방 훈련과 20km 야간 행군입니다.

20km 행군은 젊은 나이의 열혈 청년들에게도 쉽지 않은 훈련입니다.

훈련을 이끌어 주는 소대장과 조교, 또 함께 행군하는 전우들이 없다면 중도에 포기하는 일이 속출할 겁니다.

행군을 이끌었던 28연대 4소대 소대장의 이름은 잊었지만, 계획에 따라 행군과 휴식을 겸하며 마지막까지 훈련병들을 이끌어 준 그의 말은 또렷이 기억하고 있습니다.

"지금 조금 더 걸어두지 않으면, 그만큼 나중에 더 걸어야 한다."

소대장의 이런 말에 훈련병들은 한 발 한 발 조금 더 힘을 냈고 행군을 무사히 마칠 수 있었습니다.

마라톤 같은 우리 인생도 그렇습니다. 오늘 걷지 않으면, 내일은 더 많은 힘을 들여 뛰어야 합니다.

오늘 할 일을 내일로 미루면, 내일이 행복할 수 없습니다.

물은 99도에서는 끓지 않는다

🦉

　　　　뉴스와 스포츠 중계를 제외하고는 즐겨보는 TV 프로그램이 많이 없지만, 우연히라도 볼 때마다 감탄사를 내두르며 빠져드는 프로그램이 있습니다.

　바로 〈생활의 달인〉입니다. 이 프로그램이 처음 선을 보인 게 2005년 7월인데, 지금까지 폐지되지 않고 '장수 프로그램' 반열에 오른 건 그만큼 많은 시청자가 〈생활의 달인〉을 애청하고 있다는 방증이라고 봅니다.

　제작진들은 해당 프로에 대해 "수십 년간 한 분야에 종사하며 부단한 열정과 노력으로 달인의 경지에 이르게 된 사람들의 삶의 이야기와 현실감이 담겨 그 자체가 다큐멘터리인 달인들의 모습을 담은 프로그램"이라고 설명하고 있습니다.

　달인의 경지에 올라, 다른 사람들로부터 '달인'이라는 평가를 받을 수 있는 건 대단한 일입니다.

　수많은 반복과 시행착오를 바탕으로, 어느 상황에서든 일정 수준의 성과를 낼 수 있는 실력을 갖추기는 쉽지 않은 일입니다.

　〈생활의 달인〉이 단순히 재밌는 볼거리에 지나지 않고, 보는 사람들에게 감동을 줄 수 있는 건, 달인이 되기까지 쏟아부어야만 했던 그들의 땀과 노력, 눈물이 함께 녹아 있기 때문일 겁니다.

　이렇게 높은 수준의 단계에 오르기까지 가장 중요한 것은 끊임없는 노력과 땀, 또 시행착오입니다.

　그래서 나온 말이 '1만 시간의 법칙'이죠.

　말콤 글래드웰은 자신의 저서 《아웃라이어》에서 "어떤 분야의 전문가가 되기 위해서는 최소한 10년 동안, 1만 시간 정도의 훈련이 필요하다"라는 법칙을 소개했습니다.

　1993년, 미국 콜로라도 대학교의 심리학자 앤더스 에릭슨(K. Anders Ericsson)은 자신의 논문에서 세계적인 바이올린 연주자와 아마추어 연주자 간 실력 차이는 대부분 연습 시간에서 비롯됐다고 설명했습니다.

　어떤 사람은 10년이 안 돼 최고의 연주 실력에 도달할 수 있었고, 어떤 이는 10년 이상이 걸리기도 했지만 대략 연주 실력이 우수한 집단은 최소 연주 시간이 1만 시간 이상이었다는 겁니다.

　1만 시간은 매일 3시간씩 훈련할 때 약 10년, 하루 10시간씩 투자할 경우라고 하더라도 3년 이상이 필요합니다.

물론, 무작정 1만 시간만 투자한다고 해서 원하는 성과를 낼 수 있는 건 아닙니다.

그랬다면, 누구나 시간만 투자하면 최고의 실력에 도달할 수 있겠죠. 그래서 중요한 게 '의식적으로 연습하기'입니다.

수천, 수만의 시간을 의미 없는 연습으로만 채운다면, 일정 수준 이상의 실력에 도달하기 어렵습니다. 세계 최고 실력을 갖춘 운동선수나 연주자라고 해도, 혼자 연습하지 않고 개인 코치를 두고 끊임없이 피드백을 받으며 실력을 향상해 가는 것도 같은 이유입니다.

많은 사람이 일정 수준에 도달하기 전에, 목표에 도달하지 못하는 현실을 개탄하며 중도에 포기하곤 합니다.

어쩌면, 이게 보통의 일이고 1만 시간의 법칙을 통해 달인의 경지에 오른 사람들이 특별한 사람들입니다. 하지만, 이럴 때 마음에 새겨야 할 사실이 있습니다. 물은 결코 99도에서는 끓지 않는다는 점입니다.

99도까지 끓지 않는 물을 수증기로 바꿔 놓는 것은 마지막 1도의 차이입니다.

모든 물질에는 임계점이 있는데, 이 임계점을 넘지 않으면 구조와 성질은 바뀌지 않습니다.

물이 100도에 도달해 기체로 바뀌는 것처럼, 완전히 차원이 다른 영역으로 가기 위해선 임계점을 넘어야 합니다.

1만 시간의 법칙에서 '1만 시간'은 이렇게 아마추어와 프로를 구분하는 임계점의 평균인 셈입니다.

피겨스케이팅 불모지 한국에서 올림픽 금메달리스트가 된 김연아 선수의 다큐멘터리를 본 적이 있습니다.

김연아 선수가 고된 훈련 기간을 견뎌내며 최고의 자리에 설 수 있었던 건, 그녀의 이런 마음가짐 때문에 가능했을 것이란 생각에, 오랫동안 그녀의 말이 머리를 떠나지 않았습니다.

"99도까지 죽을힘으로 온도를 올려도
마지막 1도를 넘기지 못하면 물은 영원히 끓지 않는다.
물을 끓이는 것은 마지막 1도,
최고를 만드는 것은 포기하고 싶은 그 1분을 참아내는 것이다."

4장

태도가 전부다

대인춘풍 지기추상 (待人春風 持己秋霜)

어렸을 때 야구 선수를 꿈꿨고, 대학과 대학원 시절 또 회사 생활을 하면서도 꾸준히 야구를 해왔던 터라 무언가를 '때리는' 데는 보통 사람들보다 뛰어난 감각이 있다고 생각합니다.

그래서인지 골프라는 운동을 시작했을 때도, 어느 정도 자신이 있었습니다.

도구를 이용해 공을 치는 기본적인 원리가 같은 만큼 조금만 익숙해지면 선수 수준의 실력에 도달할 수 있다고 자신했던 적이 있습니다.

그런데, 골프는 많은 사람이 생각하는 것처럼 생각보다 무척이나 어려운 운동입니다.

누군가는 "골프와 자식 교육만큼은 내 뜻대로 안 되더라"라고 자조할 정도니까 말이죠.

어쨌든, 여러 우여곡절 끝에 한 달에 몇 번 그린에 나가지 않은 주말

골퍼치고는 상당한 수준까지 도달할 수 있었습니다.

이런 걸 보면, 어떤 운동이든 어렸을 때 일찍 배워야 학습 속도가 빠를 뿐 아니라 일정 수준까지 도달할 수 있다는 사실을 알 수 있습니다.

어린 시절, 손수레 바퀴를 표적 삼아 수없이 배트를 휘둘렀던 게 골프를 잘 치게 된 데도 큰 도움이 됐습니다.

싱글 골퍼 중에는 아주 진중하게 골프를 치시는 분들도 있지만, 저는 동반자들과의 교제를 우선시하는 명랑 골퍼를 지향합니다.
모처럼 나오게 된 필드에서 스트레스받고 갈 일도 없을 일이고, 골프라는 운동에만 집중하다 보면 자칫 동반자와의 관계에 소홀할 수도 있기 때문입니다.

골프를 잘 친다는 소문이 좀 나 있는 데다, 동반자 가운데 꼭 "프로 모셔 왔다", "로우 싱글이야"라는 말로 '구찌(상대방의 기분을 상하지 않게 하면서 실수를 유발하게 하는 고도의 심리 언어)'를 넣는 터라 첫 티샷은 항상 너무 어렵습니다.

잘 친다고 소개는 받았는데, 첫 티샷부터 오비(OB)나 볼품없는 티샷을 날리면 안 된다는 긴장감 때문인데, 첫 샷을 잘 치지 못할 때가 많습니다.

그래도 다행인 것은 18홀을 다 돌 때쯤이면, '명불허전(名不虛傳)'이라는 말을 자주 듣게 된다는 사실입니다.

'골프 핸디는 바위도 뚫고 나온다'라는 말처럼 스코어가 평균 점수에 수렴하기 때문이죠.

골프장에서든 일상생활에서든 저 스스로 가장 많이 하고, 새기는 말은 '춘풍추상(春風秋霜)'입니다.

중국 명나라 말 홍응명이 지은 '채근담'에 나오는 말인데, '대인춘풍 지기추상(待人春風 持己秋霜)'의 줄인 말입니다.

남을 대할 때는 봄바람과 같이 부드럽게 하고, 자신을 대할 때는 가을 서리처럼 엄격해야 한다는 뜻입니다.

동반자들에게는 봄바람처럼 따뜻한 마음으로 오케이도 후하게 드리고, 멀리건을 드리는 일에도 관대해지려고 합니다.

반대로, 제 플레이에는 분위기를 헤치지 않는 선에서 가능한 가을 서릿발처럼 엄격해지고자 합니다.

가끔 못 말리는 승부욕에 그러지 못할 때도 있었겠지만,(그랬다면 사과 드립니다.) 가능한 이런 원칙을 지키고자 합니다.

평소 회사 동료와 선후배와의 관계를 비롯해 취재원과의 관계에서도 '춘풍추상'의 자세로 살려고 했습니다.

다른 사람의 단점보다는 장점을, 못한 것보다는 잘한 것을 보려 했고, 비난보다는 칭찬하는 사람이 되려고 노력했습니다.

지금까지 충분히 그렇게 하지 못했다면, 앞으로라도 더욱 '대인춘풍 지기추상'의 마음가짐을 갖고 살려고 합니다. 그래야 인격적으로 더 성숙한 사람이 될 것이라고 믿습니다.

춘풍추상의 반대말을 꼽으라면 우리 사회, 특히 정치권에 만연해 있는 '내로남불(내가 하면 로맨스 남이 하면 불륜)'이 될 것 같습니다.

우리 사회에는 자신에게 엄격하고 다른 사람에게 따뜻한 춘풍추상 대신, 나에게는 한 없이 관대하고 남에게는 한없이 엄격한 내로남불 이 더 많은 게 현실입니다.

내로남불 대신 춘풍추상의 마음을 갖고 살아가는 사람들이 많아진 다면 정치의 선진화는 물론 우리 사회도 더 살기 좋은 곳이 되지 않을까 기대하면서, 춘풍추상의 마음가짐을 또 한 번 다집니다.

습관과 태도가 인생을 바꾼다

20년 넘게 기자 생활을 하다 보니, 여러 부류의 다양한 캐릭터를 가진 사람들과 이런저런 인연으로 엮이게 됩니다.

어떤 사람들과는 함께 일하는 게 즐겁고, 기회가 되면 또 한 번 같이 일하고 싶은 마음이 생깁니다. 이런 사람들을 만나면 반갑고, 얘기를 나눌수록 기분이 좋아집니다.

반면, 어떤 사람들과는 함께 일하는 게 스트레스가 되고 다시는 함께 일하고 싶지 않은 마음도 생기게 됩니다.

이런 경우, 군이 대화가 길어질 리도 없습니다.

취재를 계기로 만난 사람들과도 대부분 오랜 기간 좋은 인연을 맺어왔다고 생각하지만, 일회성 만남에 그치거나 여러 갈등 요인으로 인해 좋은 관계를 유지하기 어려운 예도 있습니다.

이런 차이를 만드는 이유를 조용히 생각해 봤습니다.

결론은 태도에 있다는 걸 깨닫고, '혹시 나는 어떤 사람일까?' 를 돌아보며 자신을 성찰해 보는 계기가 됐습니다.

제가 좋지 않게 생각했던 상대방의 태도를, 혹시 제가 다른 사람들에게 그대로 보여주고 있는 건 아닌지 스스로 경계하게 됩니다.

대표적으로 나쁜 습관과 태도를 꼽는다면 부정적인 언어의 사용입니다.

부정적인 말을 시작으로 자기 생각을 얘기하려는 사람들과는 설령 그 말이 매우 교육적인 가치가 있다고 하더라도 길게 대화를 이어가고 싶은 마음이 사라지게 됩니다.

반면, 긍정의 언어를 사용하는 사람들과는 자연스레 대화의 정도가 깊어지게 마련입니다.

"그게 아니고요~"라는 말로 대화를 시작하는 사람들과 "한번 알아보겠습니다. 그런데~"라고 하는 사람들이 있다면, 당연히 두 사람과의 관계 형성에는 차이가 발생하게 됩니다.

이런 생각에, 가능한 부정적인 언어 대신 긍정적인 언어를 사용하려고 노력해 왔습니다.

설령 자신의 의견과 다르더라도 처음부터 부정적인 태도를 보여 대화를 단절해 버릴 게 아니라, 잠시 시간을 갖고 의견을 정리할 시간이 필요합니다.

한번은, 어느 대기업 임직원을 대상으로 한 '비즈니스 커뮤니케이션'을 강의할 기회가 있었습니다. 이 자리에서, 설령 부적절하다고 생각하는 상사의 질문이나 지시에는 "네, 알겠습니다. 확인 후 다시 보고드리겠습니다"라는 말을 우선하고 "시간이 지나 다시 자기 생각을 말씀드리도록 하라"라고 주문했더니, 많은 수강생이 고개를 끄덕였습니다.

이런 태도가 갈등을 피하고, 상대방을 존중하는 모습을 보이면서도 결과적으로는 할 말은 다 할 수 있는 비결입니다.

동서고금을 막론하고, '습관과 태도가 인생을 바꾼다'라는 요지의 명언은 많았습니다.

습관과 태도가 그만큼 인생에 미치는 영향이 크기 때문일 겁니다. 가까이는 '세 살 버릇 여든 간다'라는 가벼운 속담부터, 전문적으로는 세계적인 자기 계발 전문가 스티븐 코비가 얘기한 "당신의 성공은, 당신이 만든 습관에 달려 있다"라는 말까지, 모두 습관의 중요성을 강조하고 있습니다. 이렇게 습관이 중요한 건, 우리의 습관이 태도를 형성하기 때문입니다.

아리스토텔레스는 "자신이 반복적으로 하는 것이 바로 그 자신"이라는 말로 좋은 습관이 좋은 태도를 만들고, 좋은 태도를 가진 사람만이 좋은 인격자가 될 수 있음을 웅변했습니다.

"인간의 천성은 거의 비슷하지만 습관과 태도가 큰 차이를 만든다"

라는 말도 있습니다.

습관과 태도가 중요한 데는 또 다른 이유도 찾아볼 수 있습니다.

세상을 내 마음대로 바꾸는 건 불가능한 일이지만, 습관과 태도는 자신의 의지에 따라 바꿀 수 있기 때문이죠.

마치 자동차를 운전할 때 다른 차들의 속도를 내가 결정할 수는 없으니, 내가 운전하는 차량의 속도를 조절해 차선을 바꾸는 것과 같은 이치입니다.

습관과 태도는 나의 노력으로 얼마든 바꿀 수 있습니다.

영화 〈철의 여인〉에서 주인공 마가렛 대처 전 영국 총리는 이런 말로 관객의 마음을 사로잡습니다.

"생각은 말을 만들고,
말은 행동을 만들고,
행동은 습관을 만든다.
습관은 인격과 태도를 만들고,
인격과 태도는 운명을 만든다."

도움을 요청하는 것에
주저하지 마라

정치부에서 청와대는 물론 정당, 외교안보팀 등 여러 출입처를 경험하다 2021년 7월, 회사 디지털뉴스 부장으로 보직을 받았습니다.

이전에도 후배 기자들과 팀을 이뤄 '기획보도팀'을 창설하고 사회 부조리를 고발하는 뉴스들을 발굴해 보도하는 역할을 하긴 했었지만, 정식 보직부장이 된 건 이때가 처음이었습니다.

용산 국방부 기자실에 앉아 인사 명령을 보고 회사로 복귀해 디지털뉴스부서원들과 설레는 마음으로 인사를 나눴습니다.

기자들과 뉴스를 운영하는 직원들 모두 열악한 환경이었지만 각자의 자리에서 최선을 다하고 있는 모습에, 이들이 열심히 일할 수 있는 분위기만 잘 조성해 주면 되겠다고 생각했습니다.

처음 부장으로 보직을 받았을 때 불과 10여 명밖에는 되지 않는 규모였지만, 미디어의 디지털 전환이 본격화되면서 2년 후 회사에서 퇴사할 때는 20여 명에 달하는 대형부서가 돼 있었습니다.

부서에는 회사에 정식 채용 과정을 거쳐 입사한 후배들은 물론 '미래 언론인'을 꿈꾸는 대학생 인턴 기자제도가 운용되고 있었습니다.

평일에는 매일 4시간씩 교대로 근무하는 인턴 기자들과, 주말에는 하루 8시간을 내리 근무하는 인턴 기자들로 구성돼 있었는데 6개월 단위로 근무 기간이 정해져 있다 보니 신규 채용을 위해 면접을 진행할 기회가 많았습니다.
또, 이들이 부서 업무에 익숙해져 완성도 높은 기사를 작성하기 위한 교육도 병행했기 때문에 인턴들과 점심이나 커피를 마시며 다양한 이야기를 나눌 기회를 가질 수 있었습니다.

사실, 이 책을 써봐야겠다는 생각도, 이들과 여러 대화를 하던 끝에 조금 더 인생을 먼저 살아본 선배로서 후배들에게 해주고 싶은 말들을 정리해 봐야겠다는 생각에서 시작됐습니다.

'언론인이 되겠다'라는 자기 동기부여가 확실해서인지, 인턴 기자들은 업무를 아주 열심히 하였습니다.
또, '단군 이래 최고의 스펙을 가진 세대'라 평가받는 MZ세대인 만큼 외국어는 물론 컴퓨터 활용 능력 등에서 뛰어난 실력을 갖춰 업무적인 도움도 많이 받을 수 있었습니다.

처음 하는 일이고, 또 회사라는 조직에 처음 속해 일하다 보니 일부 일 처리가 서툴기도 했지만 '기자가 되겠다'라는 신념이 강한 만큼 최선을 다해 일하는 모습, 또 이른바 언론고시 합격에 유리하다는 '스펙'을 쌓기 위해 하루를 분 단위로 쪼개며 열심히 살아가는 모습도 인상적이었습니다.

몇 번쯤 인턴 기자 교체가 이뤄지고, 새로운 인턴 기자들에게 당부의 말을 할 때 빠지지 않는 게 있습니다. 바로 "도움을 요청하는 것에 주저하지 말라"는 말입니다.

애플 창업자인 스티브 잡스가 공개 장소에서 한 말로도 유명한데, 스티브 잡스는 대학을 중퇴하고 애플을 창업하는 과정에서 크게 기대하지 않았던 사람들로부터 많은 도움을 받을 수 있었다고 전했습니다.

그러면서 "세상은 우리 생각보다도 훨씬 관대하고 친절해서, 도움을 요청하면 그 자리에서 거절하는 사람보다는 어떤 식으로든 도움을 주려는 사람들이 많았다"라고 했습니다.

돌이켜 보건대, 도움을 요청했을 때 기꺼이 도움을 주기 위해 노력해 준 사람이 많았고, 도움을 요청받았을 때는 어떤 도움을 줄 수 있을까를 고민한 때가 많습니다.

　문제는 '거절당할 것 같은 두려움'에 지레 겁을 먹고 도움을 요청하지 않는 사람들의 용기 부족이지, 거절하는 사람들의 냉정함이 아니라는 겁니다.

　다만, 도움을 요청할 때는 '구체적'으로 해야겠습니다.
　막연히 "정 부장이 좀 도와줘"보다는 "정 부장, 이런 문제가 있는데 누구를 만나면 해결이 될 수 있을 것 같으니, 이렇게 좀 해 줄 수 있을까?"라고 요청받았을 때 도움을 받을 가능성이 커집니다.

　미국 미시간대 경영대학원 웨인 베이커 교수가 쓴《나는 왜 도와달라는 말을 못할까(부담은 줄이고 성과는 높이는 부탁의 기술, 원제: All You Have to Do Is Ask: How to Master the Most Important Skill for Success)》를 한 번 읽어보는 것도, MZ세대들이 익숙하지 않은 '도움의 기술'을 익히는 데 효과가 있을 것으로 생각합니다.

어른을 보면 인사부터 해라

제 고향 경기도 연천은 한반도의 중심에 있는 곳입니다.

경원선이 남북을 관통하는 교통의 요지인 데다, 전곡리 구석기 유적지에서 아슐리안형 돌도끼가 동아시아에서는 처음으로 발견돼 동아시아의 구석기 역사를 새로 쓰게 된 역사적인 곳이기도 합니다.

삼국시대에는 고구려와 백제, 신라가 임진강 유역을 확보하기 위해 치열하게 경쟁했던 전략적 요충지인 데다, 1950년 6.25 전쟁 발발 전만 해도 위도 38도선 이북에 자리 잡고 있어 아버지 세대는 5년 동안 공산 치하를 경험하기도 했습니다.

제가 태어난 곳은 연천군 군 소재지에서 멀지 않은 '상리'라는 곳입니다. '신망리'라는 경원선 간이역이 있어 행정명보다는 기차역으로 더 잘 알려진 곳인데, 6.25 휴전 이후 미군들이 '새로운 희망을 품고 사

는 마을(New Hope Town)'을 조성했던 게 한자로 옮겨져 '신망리(新望里)'
가 됐습니다.

동래 정씨 창원공파인 저희 집안의 문중 역사를 살펴 보면, 1750년
대 이후 연천을 근거지로 살아왔으니 250년 넘게 연천을 지키며 살아
왔던 셈입니다.

그래서인지, 동네에는 같은 정씨 성을 쓰는 사람들이 많았고 집안
내 어르신들이 꽤 많았습니다.

아버지께서는 그래서 어린 저에게 "어른을 보면 인사부터 해라",
"잘 모르겠거든, 인사부터 하고 어느 집 아들이라고 말씀드려라"라는
당부를 자주 하셨습니다.

어떤 심오한 가르침을 이해했던 건 아니겠지만, 아버지 말씀이라
어려서부터 인사는 아주 잘하고 다녔습니다.

"인사 잘하고 다니는 사람이 되자"라는 무의식이 의식화돼, 진짜로
인사 잘하는 사람이 된 건 몇 번의 깨달음이 있어서였습니다.

첫 번째는 개그맨 박수홍 씨에 관한 이야기입니다.
군 제대를 얼마 남겨두지 않은 시기, 우연히 TV를 보다 박수홍 씨가
출연한 프로그램을 봤습니다.
그는 "다른 개그맨들처럼 웃기지도, 다른 탤런트처럼 잘 생기지도

않은 제가 오랫동안 출연 기회를 가질 수 있었던 건 인사의 힘이었다"라며 "방송국 경비아저씨부터 신입 피디, 예능 국장까지 방송국에서 만나는 모든 사람에게 큰 소리로 인사하고 다녔다"라고 했습니다.

이런 박수홍 씨의 행동을 좋게 본 피디들이, 비록 덜 웃기고 스타성이 떨어져도 박수홍 씨에게 다양한 프로그램 출연 기회를 줬다는 겁니다. 그때 저는 아버지께서 하셨던 '인사 잘하는 사람이 돼라'라는 의미를 깨달았습니다.

두 번째는 예금보험공사 입사 시험에 통과해 회사 출근을 앞둔 때였습니다.

지금도 그렇지만, 금융 공기업 예보는 취업 준비생들에게는 꽤 가고 싶은 인기 직장이었고 실제로 저와 함께 공채 시험에 합격한 사람들도 모두 이른바 명문대 출신의 똑똑한 인재들이었습니다.

저는 그때 열 명쯤 되는 동기들 사이에서, 제가 가장 일을 잘할 수 있을지 또는 탁월한 업무 성과로 인정을 받을 수 있을지 자신하기 어려웠지만 한 가지는 자신할 수 있었습니다.

바로 '동기 누구보다 가장 인사 잘하는 사람은 될 수 있다'라는 것이었죠. 출근 첫날부터 예보 사옥 1층의 경비 아저씨부터 서무직원, 옆부서 선임들에게도 꾸벅 인사부터 했습니다. 인사만 잘해도 사람에 대한 평가가 달라질 수 있다고 생각했기 때문입니다.

그렇게 한 달 정도 예금보험공사를 다니다 뜻한 바 있어 매일경제 신문사 기자로 전직을 하게 됐습니다.

저의 전직 소식에 옆 부서 팀장님이 업무 시간 전에 차를 한잔하자 며 부르시더군요.

"정광재 씨, 내가 길지 않은 시간이지만 잘 지켜봤는데 예보에 그냥 남아서 일하는 건 어때요? 기자도 좋지만, 아직 사회생활을 잘 몰라서 하는 결정일 수도 있을 것 같은데, 예보가 참 좋은 직장이거든요. 인사 도 잘하고, 다른 사람들도 정광재 씨 이직한다니까 아쉬워하던데."

신입직원으로 한 달 동안 했던 일도 없었을 텐데, 제대로 한 건 인사 밖에는 없었는데도 예보 선배들이 이렇게 좋게 평가해 준다는 사실에 놀랐습니다. "인사부터 잘해라"라던 아버님의 가르침과 체화된 인사 성이 저에게 좋은 감정을 갖게 했을 것으로 생각합니다.

기자가 된 후에도, 어느 출입처를 가든 가장 인사 잘하는 기자가 되 고자 했습니다.

기자들에게는 '거만하다', '건방지다'라는 편견이 있기는 하지만 그 래서 더 먼저, 더 열심히 인사하고 다녔습니다.

출입처에서 만났던 선후배, 동료 기자들과 출입 이후에도 꾸준히 안부를 물을 수 있는 많은 좋은 인연을 만들 수 있었던 것도 결국은 인사의 힘이라고 믿습니다.

탈무드에는 "먼저 인사한 사람이 축복도 먼저 받는다"라는 경구가 있습니다. 다 함께 축복의 문을 먼저 열어보시죠.

결핍은 성장의 원동력

　　아무리 완벽해 보이는 사람이라도 내면 깊은 곳의 콤플렉스나 결핍이 있습니다.

　개인 한 사람 한 사람에게는 자신만의 우주가 존재하고, 그 심오한 내면까지 다른 사람이 모두 이해하고 공감하기는 어렵기 때문에 알아차리기가 쉽지 않을 뿐입니다.

　슈퍼맨에게는 초능력을 가로막는 '크립토나이트'라는 치명적인 약점이 있었습니다.

　배트맨은 어린 시절 우물에 빠져 떨고 있을 때 박쥐 떼들이 몰려들어 겁에 질렸던 트라우마와 갑작스러운 사고로 부모가 사망하면서 갖게 된 심리적 불안에 시달립니다.

　코르시카섬 출신으로 사투리가 심해 본토 출신들과 잘 어울리지도 못했지만 결국 프랑스 황제 자리까지 올랐던 나폴레옹도 끝까지 다른 사람들보다 키가 작다는 콤플렉스에 시달렸다는 이야기도 있습니다.

비교적 평탄한 삶을 살아왔다는 주변 평가와 함께, "촌에서 출세했다"라는 말을 종종 듣게 되지만, 당연히 저 역시 이런저런 열등감과 콤플렉스에 시달리곤 했습니다.

고백하기 조심스럽지만, 내면의 이야기를 하자면 '이른바 명문대학에 다니지 못했다'는 게 제게는 콤플렉스였습니다.

언제 적 학벌주의에 아직도 빠져 있느냐고 물을 수 있습니다.

이런 질문에는 "과거의 감정일뿐 이제 충분히 극복했기 때문에 이렇게 이야기할 수 있게 됐다"라고 답하겠습니다.

태어나서 1000번의 시험을 치렀다면, 1993년 수능 1차 시험에서 저는 그동안 치렀던 시험 가운데 가장 저조한 성적을 거뒀을 겁니다.

이래선 안 되겠다 싶어 2차 시험을 열심히 준비했는데, 2차 시험은 1차와는 비교가 되지 않을 정도로 어렵게 출제가 돼(이 때문에 1994년 치러진 수능부터는 1회로 통합) 엇비슷한 점수를 맞는데 그쳐야 했습니다. 문제는, 당시 입시 규정상 1, 2차 시험 중 높은 점수로만 대학 진학 점수로 평가하고 난이도나 백분율 등에 대한 고려는 전혀 없었다는 점입니다.

재수할까도 생각했지만 어려운 가정 형편을 생각할 때 엄두를 내기 어려웠고, 입학한 단국대학교 열심히 생활하면 문제 될 게 없다고 생각해 즐겁게 학교에 다녔습니다. 더욱이, 한국마사회로부터 대학 4년 전액 장학금 지급 혜택을 받아 학비 부담도 줄일 수 있었습니다.

콤플렉스 얘기를 한 건, 콤플렉스와 심리적 결핍이 때로는 성장의 원동력이 된다는 메시지를 전하고 싶어서입니다.

사실, 제가 가진 이런 결핍은 더 겸손하고, 성장하기 위해 노력하는 사람이 될 수 있게 하는 원동력이 됐습니다.
스스로 부족하다고 생각했기 때문에, 이런 심리적 결핍을 극복하기 위해 더 열심히 살았습니다.

바쁜 기자 활동 중에도 서울대 경영대학원 정규 과정에 진학해 석사 과정을 마쳤고, 또 취재 경험을 살려《애널리스트 따라잡기》를 비롯해《중국 내수시장과 통하라》등 여러 권의 책을 쓰기도 했습니다. 특히, 아내와 함께 쓴《경제는 내 친구》는 청소년 경제 부문 장기 베스트셀러에 오르는 등의 성과도 있었습니다. 중국어를 열심히 공부해 한국언론재단에서 선정하는 장기 해외연수생에도 선발돼 칭화대 EDP 과정을 다니기도 했습니다.

주위 사람들로부터 종종 "보기와 달리 성실하다"라는 말을 듣습니다. 그래서 어떤 기자 선배는 저에게 '보달리'라는 별명을 붙여주기도 했고, 또 어떤 분들은 "어디서 그런 에너지가 나오느냐?"고 묻기도 합니다.

그럴 때면 "다른 사람들 열심히 사는 만큼만 저도 열심히 사는 겁니다"는 말로 답을 대신하지만 한편으론 '아직도 많이 부족하다는 걸 알기 때문이 아닐까?'라고 생각하곤 합니다.

언젠가 관악산 등산길에, 바위 한 가운데를 뚫고 나온 멋진 소나무 한 그루를 봤습니다. 극한의 환경에서 작은 씨앗이 뿌리를 내리고, 생존을 위해 나무 높이보다 몇 배는 더 길게 자란 뿌리를 보며 결핍에 대해 또 한 번 생각해 봤습니다.

결핍은 성장의 원동력이 될 수 있습니다.

단, 자신이 부족하고, 이를 극복하기 위한 마음가짐을 가질 때 가능한 일입니다. 결핍만을 탓하기에는 우리 인생은 너무 짧습니다.

보이지 않는 꼬리표를 관리하라

　　기자 생활의 최대 장점은 많은 사람을 만나, 다양한 세상 이야기를 들을 수 있다는 데 있습니다.

　많은 사람이 기자라는 업의 본질은 '질문'에 있다고 하지만, 좋은 질문을 하기 위해서는 잘 들어야 합니다.

　그래서 가능한 많은 말을 많이 듣고자 했는데, 어느 자리에서든 자리를 주도하는 성격이어서 말이 좀 많았던 측면이 있습니다. 앞으로는 조금 덜 말하고, 조금 더 듣기 위해 노력해야겠습니다.

　사실 사람들은 다른 사람들에 '말하기'를 좋아합니다.

　'뒷말' 없는 부서 회식을 상상할 수 없고, 가벼운 '뒷담화'는 직장인들의 중요한 스트레스 해소방안이기도 합니다. 그런데, 이런 뒷말이나 뒷담화가 나올 때, 뒷담화의 주인공에 대한 평가가 놀랍게도 비슷하다는 점은 인상적입니다. 해당 인물에 대해 어떤 추문이 제기되면

옆에 있는 사람 대부분이 "내가, 그 사람 언젠가 그럴 줄 알았어"라는 식의 추임새를 넣는 식이죠.

대부분은, 해당 인물에 대한 평가가 비슷하므로 이런 반응이 90%를 넘습니다.

반대로, 드물지만 "어, 그분이 그럴 사람이 아닌데? 이상하네" 또는, "그건 좀 더 알아봐야 할 것 같은데"라는 반응이 나온다면, 평소에 덕을 많이 쌓았던 사람일 겁니다.

그래서 사람들에게 평판은 참 중요합니다.

설령 어려운 일을 겪더라도, 평판이 좋은 사람은 주위 사람들의 지지와 응원으로 위기를 극복하기도 합니다.

반대로, 평판이 좋지 않은 사람은 편들어 주는 사람이 아무도 없어 고립무원의 상태에서 더 큰 어려움에 봉착하곤 합니다. 기자 선배 가운데는, 이런 점에 착안해 《평판이 전부다》라는 제목의 책을 발간해 베스트셀러 작가가 되기도 했습니다.

대학원에서 전공한 마케팅에서도 제품이나 서비스에 대한 '평판 관리'는 중요한 주제이기도 합니다. 이런 평판 관리에 대해 결코 잊을 수 없는 일화가 있어 소개할까 합니다.

1933년생으로 평안도 박천에서 태어나신 장인어른은 공산 치하를 피해 월남을 택하셨습니다.

6.25 전쟁 시기를 이용해 박천에서 서울까지 내려왔고, 서울에서 국군 징집 명령을 보고 국군에 입대해 6.25 전쟁을 몸소 치르셨습니다.

당시만 해도, 고등학교 졸업자는 상당한 고학력자로 분류돼 의무병(義務兵)으로 참전하게 됐고, 휴전 후에는 공무원 시험에 임용돼 강원도 인제에서 꽤 오랜 기간 공무원으로 일하셨습니다.

그러다, 공무원 월급으로는 6자매의 교육을 다 뒷바라지하기 어려울 것 같아 사업가로 변신하셨는데, 지역에서는 꽤 규모가 큰 사업체를 일구기도 했습니다.

아내와 결혼한 지 얼마 되지 않아, 장인어른을 모시고 식사하다 장인어른의 공무원 생활과 사업 얘기를 들을 기회가 있었습니다.

"인제군청에서 공무원 생활을 잘해서 그런지, 군청을 나와 미곡 도매상을 한다고 하니 여기저기서 도와주겠다고 하더라고. 그래서 어렵지 않게 첫 거래를 뚫었고, 같이 일했던 공무원들이 거래처도 많이 소개해 줬지. 그러면서 '당신이 공무원 생활을 깨끗하게 잘하고, 다른 사람들이 다 좋은 사람이라고 하니 도와주려고 하는 것 아니겠어?'라고 하더군. 그래서 '아, 사람들은 다 좋은 사람인지, 나쁜 사람인지 꼬리표를 달고 다니는구나' 생각했지. 사업을 할 때도 그래서 이 꼬리표를 잘 관리해야겠다고 생각했어, 정 서방도 사람들 많이 만나는 일을 하니, 그 꼬리표를 잘 관리하라고. 그 꼬리표는 다른 사람들 눈에는 다 보이는데 자기만 못 볼 때가 많아."

'인간 정광재'는 어떤 사람으로 기억되고 있을까요?

20년 넘게 언론계에 있으면서 활동해 온 '기자 정광재'에는 어떤 꼬리표가 붙어 있을까요?

나름 꼬리표를 관리하기 위해 열심히 살아왔다고 생각하는데, 어쩌면 저에게만 보이지 않는 꼬리표일지 몰라서 오늘도 좋은 사람이 되기 위해 노력하며 살고 있습니다.

자강불식 후덕재물(自强不息 厚德載物)

　　　　　　길지 않은 인생이었지만, 가장 행복했던 시기를 꼽으라고 한다면 중국 칭화대 연수 시절입니다.

　2013년 7월부터 2014년 7월까지, 꼬박 1년간 가족들과 중국 베이징에 살면서 칭화대가 운영하는 EDP(Executive Development Program) 과정을 수강할 기회가 있었습니다.

　한국언론재단에서 지원하는 언론인 해외 장기연수 프로그램에 선발돼, 학비 전액과 체재비 일부를 지원받아 현지에 체류하며 중국 경제는 물론 역사와 정치, 사회 전반을 깊이 이해할 수 있었습니다.

　중국어를 공부하게 된 데는 'G2 시대'에 대비해 보자는 나름의 전략적 판단이 있었습니다.

　《중국 내수시장과 통하라》라는 책을 썼을 정도로 중국 경제 성장에 관심이 많았을 뿐 아니라 중국을 이해하지 않고는 한반도는 물론 세계 정치 지형 변화를 예측하기 어렵다고 생각했기 때문입니다.

이렇게 해서 배우기 시작한 중국어가 어느 정도 실력에 도달할 수 있었던 게, 언론재단 연수생으로 선발되는 데 큰 도움이 됐습니다.

초등학교에 1~2학년이었던 아이들과, 오랜 기간 은행에서 고된 일에 시달렸던 아내와 많은 시간을 함께 보낼 수 있었기 때문에 더 의미 있는 시간이었습니다.

중국 연수 기간 동안 경험한 뜻밖의 가르침과 나름의 깨달음도 저를 한 단계 성장하는 계기가 됐습니다.

사연은 이렇습니다.

한국언론재단 연수생으로 선발된 것까지는 아주 좋았는데, 연수를 보고하는 과정에서 회사 경영진과 예상치 못한 갈등이 발생했습니다.

연수 신청에 필요한 정식 보고 절차를 밟았음에도 중간보고가 누락돼, 억울한 노릇이지만 회사 측의 재정적 지원을 받을 수 없게 된 겁니다.

그렇다고, 언론재단에서 정해준 연수 기간을 어길 수도 없어 휴직을 신청하고 연수를 떠날 수밖에 없었습니다.

일반 해외 연수를 가는 것과 휴직 후 연수를 가는 것과는 재정적으로 꽤 큰 차이가 있었습니다.

무엇보다, 다소 오해가 있었다고는 하더라도 그 정도 지원도 해주지 않는 회사에 대한 원망도 클 수밖에 없었습니다.

하지만, 이런 회사에 대한 원망은 칭화대 EDP 강의가 있던 첫날 우연한 깨우침에 말끔히 씻어버릴 수 있었습니다. 칭화대 정문에 적힌 '자강불식 후덕재물(自强不息 厚德載物)' 8글자의 힘입니다.

강의 과정을 설명하던 중국인 노교수는, EDP 과정 중 유일한 한국 학생이었던 저에게 "학교 입구에 적힌 '자강불식 후덕재물'에 대해 아느냐?"고 물었습니다.

짧은 중국어 실력을 동원해 떠듬떠듬 '자강불식'과 '후덕재물'의 의미를 설명하려 했던 노력이 가상했는지, 동료 중국 학생들이 크게 박수로 환호해 준 것만 또렷이 기억에 남습니다.

'자강불식 후덕재물'은 중국《주역(周易)》에 나오는 말입니다.

원문을 살펴보면 '천행건 군자이 자강불식(天行健 君子以 自强不息)'이란 구절과 '지세곤 군자이 후덕재물(地勢坤 君子以 厚德載物)'이란 구절이 나옵니다.

이 구절을 8글자를 줄인 게 자강불식 후덕재물입니다.

첫 번째 구절은 '하늘의 운행은 건장하니 군자는 그것을 본받아 스스로 강건하여 쉼이 없어야 한다'라는 의미를 담고 있습니다.

두 번째 구절은 '넓은 땅에 저렇게 두텁게 흙이 쌓여 있듯이 군자는 자신의 덕을 깊고 넓게 쌓아 만물을 자애롭게 이끌어 나가라'는 뜻입니다.

저 나름대로는 '쉼 없는 노력으로 스스로 강해지면 세상의 모든 일들에 대해 관대한 마음을 가질 수 있다'라는 뜻으로 해석했습니다.

'자강불식 후덕재물'의 가르침 아래 연수 과정에서 발생했던 회사에 대한 원망은 더 이상 두지 않기로 했습니다.

그보다는 스스로 열심히 노력해 자신의 가치를 높이는 게 중요하다고 생각했습니다.

중국 연수 1년을 더 보람 있고, 알차게 보낼 수 있었던 건, 칭화대 정문에 적힌 자강불식 후덕재물 8글자의 힘이었습니다.

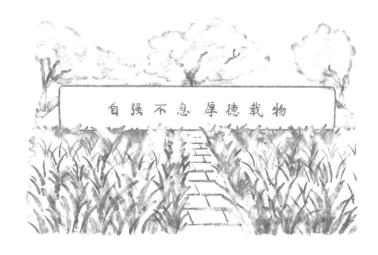

이기려고만 하지 말고
가끔은 손해도 보고 살아

　　설이나 추석 같은 명절이면 가족들이 한데 모여 윷놀이하거나 가끔은 재미 삼아 '고스톱'을 하곤 했습니다.

　제법 나이 차이가 크게 나는 막내였기 때문에 출가한 누님들이 매형들과 명절을 맞아 시골집을 찾는 일이 많았는데, 종종 매형들과 고스톱을 치기도 했고 세뱃돈을 원금 삼아 윷놀이나 내기 장기도 뒀습니다.

　외가 쪽으로는 워낙 사촌 형제들이 많아서, 윷놀이를 비롯해 여러 종류의 게임을 하곤 했는데 지금까지도 두고두고 놀림을 받는 일들이 있습니다.

　어려서부터 지기 싫어하는 성격에 승부욕도 강했던 터라 몇 차례 연속해서 진다거나 돈이라도 잃었다 치면, 이길 때까지 덤벼드는 성격은 매형이나 사촌들을 꽤 당황케 했습니다.

　어른들과 고스톱을 치면 아무래도 돈을 잃게 되는 수가 많은데, 제

실력은 생각도 하지 않고 계속해서 판을 이어가자고 하니 매형들이 보기엔 아주 '당돌한 처남'이었을 겁니다.

사촌들에게도 꽤 상대하기 어려운 형제가 아니었나, 지금에 와서야 반성하곤 합니다.

어머니와 매형들은 지금도 명절에 아이들과 윷놀이라도 할라치면 '그때 그 시절'을 떠올리며 저의 철없던 행동을 이야기합니다. 철부지 어린 시절의 이야기라고는 하지만, 얘기를 들을 때마다 창피한 마음에 얼굴이 붉어지는 건 어쩔 수 없습니다.

이런 저의 성격을 아셔서인지, 어머니는 종종 "이기려고만 하지 말고 가끔은 손해도 보고 살라"고 말씀하셨습니다.

가족들끼리 있는 일이고 철없는 아이의 행동이니 충분히 이해할 수 있는 일이겠지만, 다른 사람들과의 관계에서도 이기려고만 하면 어디서든 환영받기 힘들다는 말씀을 하려고 하셨던 게 아닌가 생각합니다.

혈기 왕성한 시기, 기자 생활을 막 시작한 제게도 "네가 조금 손해 본다는 생각으로 사람들을 대해야지, 너무 눈앞의 이익만 보고 살지 말라"는 말씀을 주셨던 기억이 생생합니다.

막 결혼해 가정을 꾸렸을 땐 "지는 게 이기는 것이라는 마음가짐으로 살라"고 하셨는데, 정말 아내와의 관계에서만큼 '지는 게 이기는 것'이라는 사실을 절감하는 일이 없습니다.

'부부 싸움은 칼로 물 베기'라고, 이기려고 하면 할수록 관계는 악화되는 악순환이 이어지게 됩니다. 질 줄 아는 용기를 가진 사람만이 진짜 이길 수 있는 자격을 가진 사람입니다.

우리는 거미줄처럼 얽힌 복잡한 인간관계 속에 살고 있습니다. 인간관계를 맺는 데 있어 가장 중요한 것은 상대방에 대한 존중과 이해인데, 상대를 '내가 이겨야 하는 경쟁의 대상'으로만 생각해선 결코 좋은 인간관계를 맺을 수 없습니다.

모든 순간에 이길 수도 없고, 꼭 이길 필요도 없습니다.

세상은 경쟁보다는 조화를 추구하며 살아야 할 곳입니다.

부부간이든 상사와 부하직원이든, 친구 사이에서든 이기려고만 하고 한 치도 양보하지 않는 상황에선 소모적인 갈등을 마무리할 수 없습니다.

마음 그릇이 조금 더 큰 사람이 너그럽게 상대를 포용할 수 있고, 그런 사람이 진짜 현명한 사람입니다.

아프리카 속담에 "빨리 가려면 혼자 가고, 멀리 가려면 함께 가라"는 말이 있습니다. 이기려는 마음 대신 함께하려는 마음을 가질 때, 가까운 사람은 물론 사회적인 관계도 더 풍요로워집니다.

같은 맥락에서 "의견이 다를 수는 있지만, 상대방의 의견이 나와 다르다고 해서 꼭 틀린 건 아니다"라는 생각도 하게 됩니다.

시사 프로그램 앵커로 여러 패널과 정치 현안을 주제로 토론할 때면, 서로 다른 주장을 가진 사람들이 싸움이라도 할 듯 극단적인 갈등을 표출할 때가 많습니다.

방송이 끝난 후에도, 다시는 안 볼 사람들처럼 얼굴을 붉히고 자리를 뜨는 경우도 종종 봐왔습니다. 생각의 차이는 분명히 있겠지만, 그렇다고 상대를 적대시하거나 악마화해서는 정치가 추구하는 대화와 타협은 불가능한데도 말이죠.

다름을 인정하고 타협과 절충을 위해 대화하는 자세가 성숙한 민주 시민의 태도입니다.

내 탓은 나를 돌아보게 한다

유난히 귀에 잘 들어오는 광고 음악이 있습니다. 한번 들으면, 좀처럼 머리에서 지워지지 않아 고3 수험생들은 수능시험을 보기 전에 반드시 피해야 할 대상으로 꼽기도 하죠.

중독성이 워낙 강해서, 듣는 사람들의 마음과 귀를 사로잡는다는 음악이라는 뜻에서 '훅 송(hook song)'이라고도 하는데, 특정한 가사의 반복이나 강렬한 연주가 특징으로 꼽힙니다.

'간 때문이야~ 간 때문이야~ 피곤은 간 때문이야~'로 유명한 모 제약사의 간 영양제 광고는 대표적으로 성공한 훅 송입니다.

이 광고 음악 하나가 성공하면서, 그해 간 영양제 매출이 전년보다 두 배 가까이 증가했다는 소식이 신문에 소개가 됐을 정도로 화제가 됐습니다.

광고 주인공으로 등장한 차두리 선수가 우리 축구 국가대표팀의 대표적인 '에너자이저'로 꼽혔던 만큼, 피로 회복을 강조하는 영양제 콘셉트과 차두리 선수가 가진 캐릭터와의 궁합이 잘 맞아떨어진 광고로 평가받습니다.

광고 음악이 워낙 인기를 끌면서, 노래방에서도 찾는 사람들이 많아 노래방 기계에 정식으로 등록되기도 했고, 노라조라는 유명 밴드가 리메이크곡을 불러 화제가 되기도 했습니다.

그런데, 재밌는 사실은 이 '간 때문이야' 광고가 이례적으로 방송통신심의위원회의 제재를 받았다는 점입니다.

처음 나온 광고가 공전의 히트를 하면서 후속편까지 나왔지만, 방심위는 광고 속 간 기능 회복제가 모든 피로를 풀어주는 듯한 내용으로 소비자가 오인할 수 있는 만큼 시정 권고와 경고 조치를 내렸습니다.
이후, 광고 문구는 '피곤은 간 때문이야'에서 '피곤한 간 때문이야'로 광고 문구가 바뀌었고, 마지막 3편에서는 아예 '간 때문이야' 대신 '간 덕분이야'로 가사가 완전히 바뀌었습니다.

'때문'과 '덕분'. 한 단어 차이로 우리가 생각하는 간에 대한 인식은 완전히 달라집니다.
'간 때문이야'는 피곤한 이유를 오로지 간에서 찾고, 간에 대한 책임

론을 부각하고 있지만 '간 덕분이야'라는 말에서는 간이 하는 여러 순기능에 대한 고마움을 찾을 수 있습니다.

처음 들을 땐 '간 때문이야'가 좋은 광고 문구로 생각했는데, 의미를 되새겨 보니 '간 덕분이야'가 소비자들에게는 간의 중요성을 더 강조하는 좋은 광고 문구라는 생각입니다.

간은 영양소를 저장하거나 다른 장기로 배분해 주고 몸에 들어온 독소를 분해하는 해독작용을 해 우리 생존에 지대한 영향을 주는 장기인 만큼, 우리는 간 덕분에 활기찬 하루를 보낼 수 있습니다.

사실, 살다 보면 우리는 내가 아닌 다른 사람에게서 여러 핑계를 찾게 됩니다.

'당신 때문이야', '김 과장 때문이야', '시간이 없기 때문이야', '자금이 충분치 않았기 때문이야' 등이 대표적인 핑계라고 할 수 있습니다.

실패에 대한 원인에 대해 여러 이유를 핑계로 대는 것이 가장 쉽기 때문이겠죠. 반대로 '당신 덕분이야', '김 과장 덕분이야', '시간이 많았기 덕분이야' 같은 말은 좀처럼 입 밖에 내지 않습니다.

성과가 좋았을 때는 자신이 노력한 결과물이고, 결과가 나빴을 때는 다른 핑계를 찾아 그 대상에 대한 원망을 쏟아내곤 합니다.

　실패의 원인을 내가 아닌 다른 사람, 다른 환경과 같은 외부 요인으로 돌리고 싶은 게 인간의 간교한 마음일지도 모릅니다.

　하지만, 이렇게 외부에서 핑계만 찾다 보면 현상에 대한 명확한 진단도, 다음에는 어떻게 같은 실수를 하지 않을 수 있을지에 대한 교훈도 찾기 어렵습니다.

　'남 탓은 상대를 원망하게 하고, 내 탓은 자신을 돌아보게 한다'는 말이 주는 울림도, 결국 모든 문제의 시작과 끝, 또 해결책도 나에게 달려 있다는 교훈에 있습니다.

　"때문이야"라는 말을 자주 사용하고 있는지, "덕분이야"라는 말을 자주 사용하고 있는지 조용히 자문해 봅니다.

최고보다는 최선을!

중고등학교 시절, 각 학급별로 '급훈(級訓)'이라는 게 있었습니다.

칠판 중앙 위에는 태극기가 오른쪽에는 급훈 액자가 걸려 있었던 것으로 기억하는데, 1992년 의정부 고등학교 2학년 급훈이 '최고보다는 최선을'이었습니다.

언제부터, 누가 의정부고 2학년 1반의 급훈을 '최고보다는 최선을'로 정해 놓고, 붓글씨로 정성 들여 써 놓았는지는 모르겠지만, 참 좋은 글이라고 생각했습니다.

대학 입시라는 치열한 경쟁에 노출돼 있었지만, 최고가 될 수 있는 한 명을 위한 글이 아니라 최선을 다할 수 있는 다른 54명의 학생에게도 희망이 되는 급훈이었습니다.

급훈과 관련한 정보를 검색하다 보니, 인터넷에는 여러 재밌는 급훈들이 많이 소개돼 있습니다.

'십분 더 공부하면 마누라가 바뀐다'라는 남자 고등학교의 급훈은 물론, '30분 더 공부하면 남편 직업이 바뀐다'라는 여자 고등학교의 급훈에는 깊은 해학이 숨어 있습니다.

'오늘 흘린 침은 내일 흘린 눈물', '나도 쓸모가 있을걸', '배워서 남 주자'와 같은 급훈에도 은유적인 교훈이 숨어 있다고 생각합니다.
남다른 상상과 유머, 또 그 안에 녹아 있는 메시지를 생각해 보면 나름의 창의력에 혀를 내두르게 됩니다.

많은 사람이 최고가 되기를 원합니다.
하지만, 누구나 최고가 될 수 있는 건 아닙니다.
최고라는 말 자체에는 객관적인 비교와 서열의 의미가 담겨 있기 때문에 한 사람이 최고의 자리에 올랐다면 다른 사람은 최고가 될 수 없습니다.
반면, 최선에는 객관적인 비교가 아니라 주관적인 노력의 정도에 대한 평가가 담겼습니다.
최고의 자리는 한 사람의 몫이지만, 최선을 다하는 것은 누구나 할 수 있습니다.

실제, 최고는 결과에 집중하는 말이지만 최선은 과정을 주목하고 있습니다.

'최고'를 향해 사람들이 보내는 존경의 박수보다 '최선을 다하는 사람'에 대해 보내는 격려의 박수가 더 따뜻한 것도, 결과보다는 과정에 더 많은 사람이 가치를 두고 있어서일 겁니다.

'2등은 아무도 기억하지 않는다'를 광고 문구로 사용했던 삼성그룹과 '사랑해요'를 광고 문구로 사용했던 LG그룹에 대해 소비자들이 보였던 정서적 차이도 이와 무관치 않습니다.

이성적으로는 삼성의 메시지에 주목하겠지만, 감성적으로는 LG의 메시지에 마음이 가는 건 인지상정입니다.

산업화 시대를 넘어 선진화로 가는 과정에서, MZ세대가 우리 사회의 주역으로 자리잡고 있습니다.

MZ세대의 등장 이후, 우리 사회의 가장 주목할 만한 변화는 결과보다는 과정에 더 많은 가치를 두기 시작했다는 점입니다. 긍정적인 인식의 전환입니다.

올림픽 결승전에 진출한 선수가 금메달 획득에 실패하면 "죄송하다"며 눈물 흘렸던 게 기성세대의 레퍼토리였다면, 이제 "최선을 다했기 때문에 은메달도 소중하다"는 인터뷰로 내용이 완전히 바뀌었습니다.

성적 지상주의에서 벗어나 결과보다는 과정을 중시하고, 그 과정에서 경험한 자기만족과 행복을 결과에 우선하는 세대의 등장은 우리

사회의 구조적인 변화를 앞
당기고 있습니다.

아이들을 키우는 가장으
로, 또 후배 세대들에 앞서
인생을 먼저 살아온 선배로
기회가 될 때마다 들려주고
싶은 말도 "최고보다는 최선
을 다하는 사람이 되길 바란다"입니다.

아이들이 초등학교에 다닐 때, '가훈을 조사해 오라'는 학교 과제에
도 '최고보다는 최선을'이라는 문구를 가훈으로 적어 보냈고, 잇단 입
사 시험 낙방에 좌절하는 조카와 인턴 기자들에게도 "최선을 다해 준
비했다면, 비록 이번이 아니라도 다음에는 더 좋은 기회가 있을 것"이
라는 말로 위로하고 격려했습니다.

오래 산 인생이라고는 할 수 없지만, 살아보니 최고로 사는 것보다
최고가 되기 위해 최선을 다하며 노력하는 삶이 더 의미 있고 재밌는
삶일 수 있겠다는 생각입니다. 최고의 자리에 머물 수 있는 시간은 짧
지만, 최선을 다하는 삶은 인생이 다할 때까지 가능한 일입니다.

A friend in need is a friend indeed!

대한민국의 신체 건강하고 건전한 상식을 가진 남성이라면 신성한 국방의 의무를 이행하기 위해 군대를 다녀오게 마련입니다.

군 복무 경험은 많은 사람에게 중요한 인생의 전환점이 되곤 하는데, 제게도 2년 2개월의 군 생활은 이후 직업을 선택하고, 앞으로 살아갈 인생의 밑그림을 그릴 수 있는 시기였습니다.

애초, 리더십을 키우는 한편 넉넉지 않았던 가정환경을 고려해 장교 임관을 계획했지만, 뜻한 바 있어 대학교 3학년부터 시작되는 ROTC 생활을 포기하고 카투사로 군 복무를 마쳤습니다.

미 2사단 본부중대 공보실에서 복무했던 2년은, 돌아보면 저의 인생을 바꾼 사건들의 연속이었습니다. 고참, 하참을 비롯한 카투사들은 대부분 어느 정도 교육 수준이나 성장환경이 비슷했기 때문에 서로에 대한 이해의 폭이 넓었습니다.

또, 군 복무를 했던 1990년대 말만 해도 군내 폭력이나 부조리가 어느 정도 해소된 데다, 업무 후에는 사병 개인의 사생활을 어느 정도 존중해 주는 카투사 특유의 문화로 큰 어려움은 없었습니다. 오히려, 문화적 배경이나 성장 환경, 교육 수준도 완전히 다른 미군 동료들과의 갈등이 더 큰 문제였습니다.

특히, 미군들은 시간이 지나면 짧은 시간 안에 이병(private)에서 시작한 카투사들이 병장(sergeant)으로 자동 진급하는 카투사들의 계급 체계에 대해 문제를 제기하곤 했습니다.

부사관 중심의 직업군인 체계에서 근무하는 미군들이 의무병 체계에서, 사실상 무보수(?)로 복무하는 한국군 진급 시스템에 대해 불만을 갖는 건 어찌 보면 당연한 일인지도 모릅니다.

함께 근무했던 미군들과의 갈등이 아예 없었다고는 할 수 없지만, 그래도 특유의 사교성을 바탕으로 무사히 군 생활을 마칠 수 있었습니다. 무엇보다, 피부도 국적도 인종도 다른 여러 사람과 한 공간에서 일하며 서로를 배려하며 우정을 쌓을 수 있었던 건 소중한 경험입니다.

지금도 잊을 수 없는 이들과의 에피소드 하나는 1999년 여름 발생했던 대홍수 때의 일입니다. 당시, 경기 북부에는 기록적인 폭우로 동두천 캠프 케이시(Camp. Casey)와 의정부 캠프 레드클라우드(Camp. Red Cloud) 등 미 2사단 주력 부대가 막대한 수해를 입었습니다. 사무실은 허리춤까지 물로 찼고, 어디서 떠내려왔는지 모를 젖소 두 마리가 부대 안을 헤매고 다닐 정도였습니다.

다행히 부대에서 발생한 홍수 피해는 중장비와 군 병력이 달려들어 복구 작업에 나서면서 오래되지 않아 정상을 되찾았지만, 고향 연천 집이 입은 피해 복구는 쉽지 않았습니다.

경제적인 피해도 컸는데, 그때 함께 일했던 카투사들과 미군들이 나섰습니다. 얼마 안 되는 월급의 우수리 돈을 떼, 수해 지역 출신의 카투사 지원 캠페인을 진행했습니다.
평소 카투사들에게 무뚝뚝하기만 했던 거구의 B 상병, 백인 우월주의자가 아닌지 의심케 했던 T 병장 등도 적극 나섰습니다.

당시 그들이 했던 제게 했던 "A friend in need is a friend indeed(어려울 때 친구가 진짜 친구)"라는 말은, 지금도 친구의 의미를 되새길 때마다 가장 먼저 떠오르는 말이기도 합니다.

그러다 10년 후쯤인 2008년, 뜻밖의 상황에서 "A friend in need is a friend indeed"를 접하게 됐습니다. 당시 미국의 서브프라임 모기지

부실로 촉발된 글로벌 금융위기 과정에서 원달러 환율이 급등했는데, 제2의 IMF 외환위기가 오는 것 아니냐는 위기감이 커졌습니다.

정부는 환율 안정을 위해 미국과 통화 스와프를 추진했고, 당시 한국 협상 대표단은 "A friend in need is a friend indeed"란 말로 미국의 협조를 구했습니다. 통화 스와프 체결을 계기로 환율이 안정되면서 우리 경제도 점차 안정을 찾을 수 있었습니다. 냉혹한 국제 관계에서도 어려울 때 친구가 진짜 친구입니다.

인간관계를 맺고 오래도록 유지할 수 있는, 개인적인 인맥 관리의 비법도 '어려울 때 친구가 진짜 친구'라는 말을 마음에 새기고 행동했던 것을 꼽을 수 있습니다. 사업 성공이나 승진 등 승승장구하는 친구들을 축하하는 일보다 어려운 시기를 보내거나 좌절하고 있는 친구, 슬픔에 있는 친구들을 위로하는 데 더 진심이고자 했습니다. 진짜 친구는 어려울 때 더 빛을 발하게 마련입니다.

노(No)라고도 말 할 수 있어야지

　　　　　살다 보면 곤란한 상황에 직면할 때가 종종 있습니다. 사람들과의 관계를 무엇보다 중요시하는 성격이어서인지, 제게는 거절해야 할 상황이 그렇습니다. '오죽하면 나에게까지…'라는 생각까지 하다 보면, 가능한 도움을 주고는 싶지만 현실이 녹록하지 않을 때가 많습니다.

　'노(No)'라고 해야 할 때 그러지 못해 손해를 보거나 곤란한 일을 겪을 때도 많았습니다. 학연과 지연, 혈연으로 얽히고설킨 한국 사회의 특성을 고려하면, 누구나 한 번쯤은 이렇게 도움 요청을 거절하지 못해 곤란한 일을 겪게 될 것으로 생각합니다.

　저뿐 아니라 대한민국의 많은 사람이 거절을 제대로 하지 못해 후회하는 일이 많습니다.
　어려서부터 '노(No)'라고 말하기 어려운 교육 환경에 노출된 데다, 본

능적으로 사람들은 '좋은 사람이 되고 싶다'라는 인식을 하고 있기 때문입니다.

현명한 거절의 방법을 소개하는 전문 책자들이 유독 우리나라에서 여러 권 발간돼 많은 독자의 선택을 받는 것도, 거절이 보통 사람들에게는 쉽지 않은 일이라는 사실을 보여주는 게 아닐까 합니다.

남성들은 아직 우리 사회에 만연해 있는 '체면 문화' 때문에, 여성들은 자칫 '사회 부적응'이라는 편견을 두려워해 제대로 거절하지 못하고 곤란한 상황을 자초하고 있습니다.

개인적인 경험을 돌아볼 때, 노라고 해야 하는 상황에서 노라고 하지 못한 결과는 오롯이 자신의 책임으로 다가옵니다.

'잠시만 돈을 융통해 달라'는 친구의 도움 요청에 돈을 빌려줬다, 친구와의 관계도 소원해지고 돈을 돌려받지 못하는 일은 물론, 무리한 청탁을 하는 주위 사람들로 인해 극도의 스트레스에 시달리기도 했습니다.

다른 사람들의 부탁을 들어 주느라 정작 육아와 가족의 대소사와 같은 더 중요한 일을 제대로 챙기지 못할 때도 많았습니다. 이런 일들을 몇 차례 겪으면서 아내와 갈등을 겪기도 했는데, 아내가 "노(No)라고도 말할 수 있어야지, 그렇지 못하면 인생에서 더 중요한 걸 놓치고 살 수도 있다"라고 조언했던 말은 큰 깨우침이 됐습니다.

거절의 기술을 제대로 배우지 못했던 터라, 효과적인 거절의 기술에 대해 진지하게 고민하고 공부(?)도 해봤습니다.

어떻게 하면 도움을 요청한 사람의 감정을 해치지 않고 또 관계를 훼손하지 않는 수준에서 거절할 수 있을지 고민하다 관련한 책을 여러 권 읽고, 거절의 기술을 습득했습니다. 이런 '거절의 기술'을 소개하는 책에서는 효과적인 방법으로 여러 원칙을 제시하고 있는데, 개인적인 경험을 더해 정리해 본 거절의 기술은 다음과 같습니다.

우선, 거절에는 타이밍이 중요합니다.

도움을 요청받은 즉시 거절하는 것도 좋지 않지만, 그렇다고 지나치게 오랜 기간 답을 주지 않는 건 삼가야 합니다. "생각해 보겠다"라는 말로 당장 시간을 벌었다면 적어도 이틀 안에는 답을 줘야 합니다.

답이 늦어지다 보면, 상대방은 승낙에 대한 기대감을 키우게 마련입니다. 그러다 막상 거절당하게 되면 원망은 더 커집니다. 경우에 따라선, 도저히 자신이 해결할 수 없는 문제라면 그 자리에서 바로 거절하는 것도 좋습니다.

두 번째 원칙은, 가능한 정직한 말로 거절의 이유를 얘기해야 합니다.

거절의 직접적인 원인이 아니라 다른 이유를 거절의 이유로 설명할 경우, 상대방이 조건을 바꿔 다시 부탁하게 된다면 두 번 거절할 수 있는 명분을 찾기 어렵게 됩니다.

직접적인 거절의 원인을 명확히 밝히고, 장황한 말 대신 간결한 메시지로 전달하는 게 효과적입니다.

마지막으로, 가능한 예의 있게 거절해야 한다는 점입니다.

상대방의 말을 경청하고 있다는 인식을 심어주는 것도 중요합니다. 지나치게 단호한 메시지를 전달하는 건 관계 유지에 도움이 되지 않기 때문에, 상투적인 말일지 몰라도 "정말 도와주고 싶지만..."과 같은 메시지를 함께 전달해 주는 게 좋습니다.

사실, 저에게도 여전히 거절은 쉽지 않은 일입니다. 그러나 거절할 수 있는 용기가 없다면, 자칫 자기 삶에서 더 중요한 것들을 희생해야 할 수도 있습니다. 현명한 거절의 기술을 익혀야 하는 이유입니다.

5장

일체유심조(一切唯心造)

파부침주(破釜沈舟)

K-팝이나 K-푸드를 비롯한 K-컬처가 전 세계에 신선한 바람을 일으키고 있습니다.

하지만, 불과 20~30년 전만 해도, 전 세계 지도 가운데 한국의 위치를 정확히 찾아낼 수 있는 외국인이 많지 않았을 정도로 한국의 위상은 지금과는 사뭇 달랐습니다.

많은 외국인이 한국을 지구상에 남은 마지막 분단국가로 기억하거나 김일성 일가 독재로 대표되는 북한의 군사적 위협에 노출된 '위험한 나라'로 인식하는 수준이었을 겁니다.

'30-50 클럽(소득 3만 달러, 인구 5천만 명 이상 국가)'에 세계 7번째로 진입하고, 경제 규모에서도 세계 10위권에 올라선 지금의 대한민국과는 아무래도 차이가 컸습니다.

개인적으론, 처음 해외에서 만난 프랑스 대학생과 한국에 관해 이야기를 나누다 "한국은 지금 무슨 계절이냐?"고 묻기에 "파리와 한국의 계절은 날씨가 많이 비슷하다"라고 설명해 줬더니 한참이나 머리를 갸웃거렸던 모습을 잊기 어렵습니다.

전쟁의 폐허를 딛고 산업화와 민주화에 성공하는 과정에, 우리 국민에게 가장 많은 힘을 준 분야는 단연 스포츠였습니다.

선진국에 비해 턱없이 부족한 스포츠 인프라와 주먹구구식의 훈련 방식에도 불구하고, 대한민국은 아시아를 대표하는 스포츠 강국이었고 올림픽을 비롯한 국제 무대에서도 비슷한 국력의 다른 나라들을 압도하는 경기력과 성적으로 세계를 놀라게 했습니다.

무엇 하나 국제무대에서 내세울 것 없었던 우리 국민에게도 많은 위안과 용기를 줬던 건 물론입니다.

1974년, 남아프리카공화국 더반에서 열린 세계복싱협회 경기에서 아놀드 테일러를 꺾고 밴텀급 세계 타이틀을 획득한 홍수환 선수와 어머니가 국제전화로 나눴던 대화(아직 제가 태어나기 전의 일이지만)는 그 시절 우리가 스포츠에서 얼마나 많은 위안을 받았는지 짐작게 합니다.

"엄마, 나 챔피언 먹었어."
"그래, 대한국민 만세다!"
우리나라의 스포츠 성과를 이야기할 때 빼놓을 수 없는 게 바로 '정신력'입니다.

객관적인 전력이 아무리 열세에 있더라도, 우리 대표팀은 특유의 근성과 끈기로 물러서지 않았습니다.

국가대표팀의 마음가짐을 가장 함축적으로 표현한 말을 꼽으라면, 바로 "만약 일본에 진다면 돌아오는 바다에 빠져 죽겠다"던 우리 축구 국가대표팀의 마음가짐이 아닐까 합니다.

1954년 스위스 월드컵 진출권을 두고 일본과 격돌했던 우리 대표팀은, "한국에서 일본에 지는 걸 볼 수 없다"는 이승만 당시 대통령의 방침에 예선 두 경기를 모두 일본 원정경기로 치러야 했습니다.

이때 대표팀은 "일본에 지면 바다에 빠져 죽겠다"라는 결의를 다졌고, 1차선에선 5:1 승리, 2차전에선 2:2 무승부를 기록하며 우리나라의 첫 월드컵 진출권을 획득했습니다.

'죽어도 지지 않겠다'라는 집념이 만든 승리입니다.

'파부침주(破釜沈舟)'. 밥 지을 솥을 깨뜨리고, 돌아갈 때 타고 갈 배를 가라앉힌 후 전쟁에 임한다는 뜻으로, 살아 돌아오기를 기약하지 않고 결사적 각오로 싸우겠다는 결의를 뜻하는 말입니다.

중국 초나라의 항우가 진나라를 치기 위해 군사를 일으킨 후, 출병에 즈음해 타고 온 배를 가라앉히고 사용하던 솥을 깨뜨렸다는 고사에서 유래했습니다.

3일 치 식량을 제외하곤 돌아갈 곳도 없었던 초나라 병사들은 결사적으로 싸웠고, 아홉 번을 싸우는 동안 한 번도 지지 않으면서 진나라를 궤멸시키는 데 성공했습니다.

이제 예전과 같은 '헝그리 정신', '근성', '정신력' 같은 얘기를 하면 '꼰대' 소리를 듣는 시대가 됐다는 건 잘 압니다. 하지만, '할 수 있다'라는 정신력의 가치는 시대가 바뀐다고 사라지는 게 아닙니다.

"승패를 좌우하는 것은 기술력이 20%, 정신력이 80%"라고 한 골프 황제 잭 니클라우스의 말이 조금 극단적으로 들릴 수도 있겠지만, 경쟁이 치열해질수록 정신력이 갖는 의미는 더욱 커집니다.

스포츠에서뿐 아니라 우리 인생에서도 '파부침주'와 같은 절실함을 가질 수 있다면, 물론 그 목표를 이루기가 쉽지는 않겠지만 그래도 조금은 더 쉽게 달성할 수 있으리라고 믿습니다.

넘어지진 않을 거야, 나는 문제없어

건강관리를 위해 종종 10km 달리기를 합니다. 카투사 복무 시절에는 그렇게 하기 싫던 2마일 러닝(3.2km)이었지만, 지금은 이렇게 누가 시키지 않아도 그 이상의 거리를 뛰는 걸 보면 '시켜서 하는 것'과 '하고 싶어 하는 것'에는 역시 큰 차이가 있다는 생각입니다.

젊었을 때는 건강을 당연한 것으로 생각했지만, 이제 건강은 당연한 게 아니고 신경 써서 지켜야 하는 나이가 됐습니다.

10km를 한 시간 안에 뛰려면 대략 10분에 1.7km를 뛰어야 하는데, 평소 꾸준히 운동하지 않는 사람이라면 꽤 벅찬 속도일 수 있습니다.

중간에 페이스를 조절하기 위해 구간별로 속도를 줄일 수는 있지만, 경험에 비춰볼 때 한 번이라도 걷게 되면 10km를 한 시간 안에 뛰는 건 쉽지 않습니다.

10km 달리기는 마라톤만큼 극한의 체력 고갈을 경험하는 정도는 아닙니다. 그래도 뛰다 보면 걷고 싶을 때가 생깁니다. 그렇게 걷고 싶을 때면, 저는 마음으로 노래를 부르며 자신을 응원합니다.

나 자신에게 보내는 응원가는 1993년 가수 황규영 1집에 실려 있는 〈나는 문제없어〉입니다.

"이 세상 위엔 내가 있고
나를 사랑해주는 나의 사람들과 나의 길을 가고 싶어.
많이 힘들고 외로웠지. 그건 연습일 뿐야.
넘어지진 않을 거야. 나는 문제없어.
짧은 하루에 몇 번씩, 같은 자리를 맴돌다
때론 어려운 시련에 나의 갈 곳을 잃어가고.
내가 꿈꾸던 사랑도 언제나 같은 자리야.
시계추처럼 흔들린 나의 어릴 적 소망들도.
그렇게 돌아보지 마. 여기서 끝낼 수는 없잖아.
나에겐 가고 싶은 길이 있어.
너무 힘들고 외로워도 그건 연습일 뿐야. 넘어지진 않을 거야.
나는 문제없어."

〈나는 문제없어〉는 1993년 첫 음반이 나왔을 때도 100만 장 이상이 팔렸을 정도로 많은 인기를 끌었습니다.

　가사에 담긴 것처럼, 젊은 시절 방황하고 길을 잃어 헤매기도 하지만 그래도 결국은 문제없이 잘 살 것이라는 긍정의 메시지를 담은 곡입니다.
　이런 가사의 메시지와 경쾌한 리듬이 합쳐져 당시 젊은 세대들에게 많은 호응을 받았습니다. 특히, 입대를 앞둔 친구들과 소주 몇 잔을 걸치고, 마지막 코스로 노래방에 들러 〈나는 문제없어〉를 떼창했던 기억이 생생합니다.

　발매 때 이렇게 인기를 끌었던 〈나는 문제없어〉는, 1997년 IMF 외환위기를 계기로 또 한 번 많은 사람의 사랑을 받게 됩니다.
　대한민국이 국가 부도 위기 사태로 몰리면서 자영업자들은 물론 대기업 직원들까지 경제적 어려움에 봉착했습니다.

　실직자들이 넘쳤고, 경제적인 어려움에 가정이 붕괴하고 극단적 선택으로 몰리는 사람들도 많았습니다. 그때, 많은 사람에게 희망을 준 노래가 바로 〈나는 문제없어〉였습니다.
　우울했던 사회 분위기를 바꾸기 위해서였는지, 어쩌면 마음의 위안을 받고 싶었던 청취자들의 요청이 쇄도했는지 외환위기 당시 라디오를 자주 탔습니다.

좋은 가사 덕에 경향신문이 시인들을 대상으로 조사해 선정한 '아름다운 가사'로 뽑히기도 했죠.

일이 힘에 부칠 때, 스스로 위안이 필요할 때, 또 나에게 파이팅을 외치고 싶을 때 저는 '나는 문제없어'라는 주문을 겁니다.
스스로 거는 긍정의 자기 최면은 다시 뛸 힘을 주고, 다시 시작할 수 있는 원동력이 됩니다.

힘들고 외로운 길에, 나를 사랑해 주는 사람들과 나의 길을 가려 할 때 항상 꽃길만 있는 건 아니겠지만 '나는 문제없어'를 주문처럼 외우며 넘어지지 않겠습니다.

여러분들의 삶에도 문제는 없습니다. 넘어지지도 않을 겁니다.

이 또한 지나가리라

　　행복한 삶을 살아도 모자라겠지만, 인생에서 역경과 고난을 피할 수 없는 과정입니다.

　부처는 생로병사의 인생사에 108가지 번뇌가 있다고 했고, '인생은 축제'라고 하는 사람보다는 '인생은 고행'이라고 하는 사람이 주위에 더 많은 게 사실입니다.

　힘든 일상과 삶을 얘기할 때 꼭 생각하는 영화 대사가 있습니다.

　1995년 개봉했던 〈레옹〉이라는 영화인데, 전문 킬러로 외롭게 살아가는 주인공 레옹과 그의 옆집에 살던 소녀 마틸다가 주인공으로 등장해 서로에게 위로가 되는 이야기를 다루고 있죠.

　부패 경찰이 빼돌린 마약에 손을 댄 아버지를 비롯해 일가족이 몰살되고 혼자 남게 된 마틸다와 고독한 킬러 레옹은 서로의 빈자리를 채워주며 친해지게 되고, 결국 레옹은 마틸다를 위해 목숨을 버리면서 영화는 끝납니다.

가정 폭력에 시달리며 사는 어린 소녀 마틸다는 레옹에게 묻습니다.

"사는 게 항상 이렇게 힘든가요?
아니면 그저 어릴 때만 그런가요?"

잠시 머뭇거리던 레옹은 무표정한 얼굴로 "항상 그렇단다"라는 말로 답을 대신합니다.
레옹이 살아가는 인생도 행복하거나 쉽지는 않은 삶이었기 때문일 수도 있지만, 실제로 많은 사람은 인생은 고난의 연속이라는 생각을 할 정도로 많은 우여곡절을 겪게 됩니다.

한때, 많은 사람의 SNS 개인 프로필 소개 문구에 "이 또한 지나가리라(This shall pass, too)"라는 문구가 장식된 때가 있습니다.

자신의 상황에 대해 주변 사람들에게 알리고 도움의 손길을 찾고자 하는 마음도 있겠지만, 아마도 그보다는 '이렇게 어려운 시기도 언젠가는 끝이 난다'라는 자기 암시와 위로를 통해 마음의 안정을 찾기 위함이었을 것으로 생각합니다.

사실, 누구에게나 이렇게 빨리 보내고 싶은 시기가 있습니다.

대학 입학시험을 앞둔 고3 수험생은 1년을 빨리 보내고 싶을 것이고, 실연의 아픔에 시달리는 괴로운 청춘은 실연 후 몇 달의 시간이 괴로울 것입니다.

지금은 많이 짧아졌다고 하지만 찬란한 청춘의 한가운데를 국방의 의무로 보내야 하는 청년들에게도 18개월은 무척 긴 시간이게 마련입니다.

그런데, 시간은 항상 돌아보면 빨리 지나가 있습니다.

의정부 캠프 레드클라우드(CRC)에서 정훈병 보직을 받아, 막 이등병으로 인디안헤드(Indianhead)라는 사단 신문을 제작할 때의 경험입니다.

2주에 한 번 마감이 있는데, 마감이 있는 주 월요일부터 온갖 스트레스가 몰려왔습니다. 전문적으로 기사를 썼던 경험이 있었던 것도 아니고, 한글 기사는 그렇다 쳐도 가끔 영어 기사를 써야 할 때 스트레스는 더 컸습니다. 일반 현역 군인들보다는 덜했겠지만, 고참들 눈치를 안 볼 수도 없었기 때문에 마감은 언제나 고욕이었습니다.

그러다 문득, 이런 생각이 들었습니다.

'내가 지금 이렇게 스트레스를 받고 있지만,
어쨌든 난 금요일이면 외박 패스를 받아 집에 가 있을 텐데.
이 정도도 견디지 못한다면, 다른 어떤 일을 해낼 수 있겠어.

고통과 어려움도 결국 시간의 문제일 뿐,

언제가 풀려져 있을 일인데.'

물론 문제가 해결되기까지, 우리가 생각했던 것보다 훨씬 더 오랜 시간이 필요한 문제도 있습니다.

그러나 분명한 건, 시간은 어떤 식으로든 우리의 고민에 대한 답을 내어주고, 또 문제 해결을 위한 실마리를 함께 제공합니다.

시간이 약이 될 것이란 생각으로 당장 걱정과 고민에서 벗어나 어깨를 펴고 주위를 둘러보는 건 어떨까요?

장담하건대, 이 또한 지나가게 마련입니다.

영화 〈바람과 함께 사라지다(Gone with the wind)〉속 여주인공의 마지막 대사처럼 결국 내일은 내일의 태양이 떠오릅니다. (After all, tomorrow is another day.)

파워 오브 원(The Power of One)

누구에게나 '인생 영화'로 꼽을 만한 작품들이 있습니다. 저에게는 한창 감수성이 예민했던 고등학교 시절 봤던 영화 〈파워 오브 원〉이 그렇습니다. 1992년 개봉했던 영화인데, 사실 대중적으로 흥행에 아주 성공한 작품은 아닙니다.

비슷한 시기에 유행했던 〈나 홀로 집에〉 시리즈나 〈늑대와 춤을〉, 〈보디가드〉 등 상업용 영화가 아니어서 개봉관이 많지 않은 것도 원인이었겠지만 영화가 주는 메시지도 무겁고 계몽적이었기 때문으로 기억합니다.

〈파워 오브 원〉이라는 영화를 보게 된 계기도 좀 특별합니다.

당시 의정부고등학교에서 한국지리를 가르치셨던 임숙경 선생님이 "기회가 된다면 꼭 봐야 할 영화"라며 추천을 해주셨기 때문입니다.

인근 학교인 의정부여고 출신으로 의정부고등학교에 초임으로 오셨던 임 선생님은 우리와 나이 차가 많지 않은 데다, 또 의여고를 졸업하신 터라 학생들과 통하는 게 많았습니다.

종종 수업 시간에 여러 사회 돌아가는 얘기를 해주셨는데, 마침 영화 얘기를 하다 "정말 좋은 영화"라며 대강의 스토리도 설명해 주셨습니다.

문제는, 나름 '영화의 도시'로 여러 개의 상영관이 있던 의정부였지만 〈파워 오브 원〉을 상영하는 시내 영화관이 없었다는 사실이었습니다. 상업적인 흥행을 기대한 작품이 아니어서였는지는 몰라도 영화 상영관이 서울에서도 몇 곳 되지 않았습니다.

인터넷이 있었던 것도 아니고, 어찌어찌 정보를 얻어 서울 시내 중앙일보 자리에 있던 호암아트홀까지 찾아가서야 영화를 볼 수 있었습니다.

영화를 혼자 보러 갈 수는 없는 일이어서, 의여고에 다녔던 여자친구와의 데이트를 겸해 서울 시청역까지 왔다 덕수궁 공원에 한참을 앉아 있던 기억도 생생합니다.

영화는 무려 상영시간이 123분이나 되는 대작입니다.

아프리카의 아름다운 풍경과 함께, 남아프리카공화국에서 있었던 흑백 인종차별을 사실적으로 묘사하고 있습니다.

우연한 기회에 흑인들과 함께 성장하며 복싱을 배우던 백인 소년이 인종차별을 경험하며, 이런 사회적 문제를 해결하는 데는 한 사람, 한 사람의 힘이 필요하다는 깨달음을 얻고 실천해 나간다는 내용을 담고 있습니다.

주인공 피케이(PK)와 함께 교회를 빌려 흑인 교육에 힘썼던 여자친구 마리아가, 주인공을 쫓는 백인들의 폭력에 비극적으로 사망하게 되는 장면에선, 저도 모르게 눈물이 나기도 했습니다.

영화는 인종 차별 철폐를 위해 먼 길을 떠나는 주인공 피케이와 흑인 친구 듀마가 석양 속으로 걸어가는 뒷모습으로 마무리됩니다. 그러면서, 아래와 같은 문구의 엔딩 크레딧이 나옵니다.

"한 사람이 세상을 바꿀 수는 없다.
하지만 한 사람은 여러 사람을 바꿀 수 있고,
여러 사람은 세상을 바꿀 수 있다."

영화가 끝난 후에도 한참을 더 앉아 있다 자리를 떴습니다.

마지막에 등장한 '세상을 바꾸는 한 사람의 힘'이 많은 생각할 거리를 줬기 때문입니다.

거대한 역사의 흐름 속에서 한 명의 개인이 바꿀 수 있는 건 많지 않을지도 모릅니다. 하지만, 세상의 모든 변화는 결국 한 사람, 한 사람의 변화에서 비롯되고, 역사를 바꾸는 물결 역시 '한 사람의 힘'에서 시작되기 마련입니다.

영화의 감동과 함께, 〈파워 오브 원〉은 이후 제 생각이나 태도에도 많은 영향을 줬습니다. 결국, 세상을 바꾸는 가장 큰 힘은 나로부터 시작되는 변화라고 생각합니다.

영화의 엔딩 크레딧처럼 나 혼자서는 세상을 바꿀 수는 없겠지만 내가 여러 명을 변화시킬 수 있고, 그 여러 명이 우리 사회를 더 나은 세상으로 변화시킬 수 있다고 여전히 믿습니다.

성장하는 동안은 늙지 않는다

🦉

　나이가 든다는 것은 어떤 걸까요? 나이가 드는 게 곧 늙는 걸까요? 늙는다는 건 꼭 나쁜 걸까요?

　누구도 피할 수 없는 세월의 흐름 앞에, 아직 청춘을 자부(?)하고는 있지만 '나이 듦'에 대해 생각해 보지 않을 수 없는 나이가 됐습니다.

　사람들을 만나다 보면, 나이를 많이 먹을수록 은은한 인품이 더 짙어지는 사람이 있지만, '나잇값도 못 한다'라는 혹평을 듣게 되는 사람들도 있습니다.

　사람들은 모두 전자와 같은 인생의 깊이를 갖고 싶어 하지만 현실에서는 후자와 같은 평가를 듣게 되는 경우가 더 많습니다.

　대한민국의 평균 연령이 2023년 8월 기준 44.5세를 기록했습니다.

중위 연령은 2022년을 기준으로 45.1세입니다. 평균 연령은 단순히 우리나라 사람들의 나이 합을 사람 수로 나눠 조사한 평균값입니다. 중위 연령 45.1세는, 나이순으로 줄을 세웠을 때 정중앙(예를 들어, 5200만 명 인구 중 2600만 번째에 있는 사람의 나이)에 위치하는 사람의 나이를 조사해 보면 45.1세라는 개념입니다.

이제 저도 평균 연령은 물론 중위 연령을 훌쩍 넘은 나이가 됐습니다. 아무리 우리 사회가 100세 시대를 살고 있다지만 인생의 전반전을 보내고 후반전을 준비하는 시기에 있는 셈입니다.

'나이 드는 것'에 대한 고민이 깊어질 때쯤, 103세의 철학자 김형석 연세대 명예교수의 강의를 가까이에서 듣게 됐습니다.

1920년 평안북도 운산군 출신인 김 교수님은 대한민국의 '최고령 수필가'이자 '철학자'로, 100세가 넘은 지금까지 왕성한 집필과 강의 활동을 통해 우리 사회에 많은 영감을 주고 있습니다.

요절한 윤동주 시인과 같은 반에서 공부한 적도 있다는 말에 깜짝 놀라기도 했습니다.

연세대 한류 메타버스 최고경영자 과정에서 뵌 김 교수님은, '산다는 것의 의미'를 주제로 두 시간 강의 시간 내내 준비된 원고도 없이 자신이 걸어온 삶의 궤적과 함께 후배 세대들이 가졌으면 좋을 마음가짐에 관해 얘기했습니다.

강의를 듣는 내내 고개를 끄덕이며, 여러 장의 메모를 남겼을 정도로 강의 내용 역시 훌륭했습니다.

"인생에서 제일 좋고 행복한 나이는 60에서 75세까지였습니다.
보통 사람들은 이미 다 늙은 할아버지 아니냐고 할 수 있지만, 살아 보니 그렇지 않더군요.
사람은 성장하는 동안은 늙지 않아요.
육체적 성장이야 20대면 다 끝난다고 해도, 정신적 성장은 물리적 나이와 상관없이 언제까지라도 가능해요. 성장하는 한 행복이 있습니다.
돌이켜보면 75세까지는 성장하는 데 전혀 무리가 없었어요.
정년으로 퇴임한 후엔 더 열심히 일했고, 76세쯤에 제일 좋은 책들을 내기도 했습니다."

무엇보다, 많은 수강생의 공감을 샀던 건 "성장하는 동안은 늙지 않는다"라는 말씀이었습니다.

"성장하는 한 행복이 있다"라고 한 말씀도 가슴에 와닿았습니다.

성장은 정신의 영역이지 육체적 영역이 아니어서, 나이가 들어서도 젊게 사는 사람이 있지만 나이가 어려도 꽉 막힌 '꼰대'로 사는 사람도 있게 마련입니다.

저 역시 강의 내내 '나는 지금 성장하는 사람인가?'를 자문해 보고 성장에 대한 의지를 다시 한번 다지게 됐습니다.

같은 맥락에서 맥아더 장군이 말년에 했다는 "세상일에 흥미를 잃지 않으면 나이가 들어도 마음에는 주름이 잡히지 않는다"라는 말도 마음에 새기게 됐습니다.

언젠가부터 세상에 대한 호기심도 줄고, 새로운 것을 배우는 일 대신 익숙한 환경에 안주하려고만 했던 건 아닌지, 제 안의 고정관념이 성장을 막고 있는 것은 아닌지에 대한 반성도 함께 했습니다.

나이와 관련해선 "나이가 들수록 입은 닫고 지갑은 열라"는 세간의 조언도 삶의 태도를 바꾸는 중요한 한 마디로 남았습니다.

그동안 많은 선배 세대의 베풂 속에 살아왔던 것처럼 후배 세대들에게 베풀며 살아야 한다는 마음가짐입니다. 어디서든 환영받는 사람이 되기 위해선 '나이가 들수록 입은 닫고 지갑은 열라'는 말을 명심할 때입니다.

풀잎 위의 이슬도 무거우면 떨어지게 마련이다

🦉

　　중요한 결정을 할 때마다 의견을 여쭙고 상의하는 멘토 같은 두 형님이 있습니다.

　선대 창업 회장님과 맺은 인연이 계기가 돼 두 형제분을 만났는데, 가족끼리도 자주 교류할 정도로 20년 가까이 친형제 같은 우의를 다져왔습니다.

　매경미디어그룹 퇴사를 결정하고 새로운 도전에 나서야겠다고 생각했을 때도, 역시 두 분을 찾아뵙고 많은 이야기를 나누고 응원과 격려의 말씀을 들었습니다.

　회사 규모와 달리 아주 소박하게 꾸며진 집무실이 인상적이었습니다. 선대 회장님 시절부터 사용해 왔던 소파와 사무용품, 벽에 걸린 선대 회장님의 사진이 눈길을 끌었습니다.

　무엇보다, 투명한 응접 테이블 유리 덮개 아래, 한 자 한 자 또박또

박 자필로 쓴 메모가 눈에 먼저 들어왔습니다. 혼란스럽던 일본 전국 시대를 마무리하고 에도 막부시대를 개막한 도쿠가와 이에야스가 유훈으로 남긴 글인데, 그의 유골이 안치된 닛코의 도쇼궁에 가면 원문을 볼 수 있습니다.

> "사람의 일생이란 무거운 짐을 지고 가는 먼 길과 같다.
>
> 그러니 서두르지 마라.
>
> 무슨 일이든 마음대로 되는 것이 없음을 알면 오히려 불만 가질
>
> 이유도 없다.
>
> 마음에 욕심이 차오를 때는 빈궁했던 시절을 떠올려라.
>
> 인내는 무사장구(無事長久)의 근본이요, 분노는 적이라고 생각해라.
>
> 이기는 것만 알고 정녕 지는 것을 모르면 반드시 해가 미친다.
>
> 오로지 자신만을 탓할 것이며 남을 탓하지 마라.
>
> 모자라는 것이 넘치는 것보다 낫다.
>
> 자기 분수를 알아라.
>
> 풀잎 위의 이슬도 무거우면 떨어지기 마련이다."

일본 전국 시대를 살았던 세 명의 영웅 오다 노부나가와 도요토미 히데요시, 도쿠가와 이에야스는 이른바 '두견새 논쟁'으로 유명합니다.

'울지 않는 두견새를 어떻게 해야 하는가?'를 두고, 오다 노부나가는 "죽여 버려라"라고 했고 도요토미 히데요시는 "울게 만들어 보겠

다"라고 하지만 도쿠가와 이에야스는 "울 때까지 기다리자"라고 했습니다.

세 사람의 말한 답에는 개인의 성정이 그대로 녹아 있습니다.
불같이 뜨거운 성품의 노부나가는 난세 평정의 비결을 '힘'으로 꼽았을 만큼 거침없는 성격의 주인공입니다.
다른 사람들과의 관계 설정을 중요시했던 히데요시는 다른 사람들과의 관계를 중요시하며 현명한 '처세'를 통일의 무기로 했고, 물같이 차분한 성품의 이에야스는 '기다림'과 인내를 통일의 힘으로 삼고자 했습니다.

도쿠가와 이에야스는 74살의 나이로 인생을 마무리할 때까지 철저히 인내의 삶을 살았습니다.
8살 때 아버지를 여의고 다른 가문의 볼모로 살아야 했고, 뛰어난 실력에도 불구하고 히데요시에게 선수를 빼앗겨 굴욕의 시기를 경험하기도 했습니다.

두 사람이 줄곧 앞서가는 가운데서도, 그는 '기다림의 미학'을 바탕으로 결국 승리했습니다. '강한 자가 승리하는 것이 아니라 끝까지 살아남은 자가 강한 자'라는 말처럼 최후의 승자는 도쿠가와 이에야스였던 셈입니다.
그는 또, 검약을 생활화해 "만족할 줄 아는 사람이 부자"라는 말을 신조처럼 지켰는데, 잡곡밥에 한두 가지 반찬의 소박한 생활로 부하들의 신임을 받았습니다.

도쿠가와 이에야스의 유훈을 자필로 적어, 항상 보이는 응접실 탁자 아래 두고 시간이 날 때마다 의미를 음미하는 두 형님은 "모자라는 것이 넘치는 것보다 낫다"라는 말로 새로운 도전에 나서는 저를 응원해 주셨습니다.

풀잎 위의 이슬도 무거우면 땅에 떨어지는 법. 갈수록 모든 게 극단으로 치닫는 현실에서. 무엇이든 과(過)함을 경계하는 마음으로 살겠다는 다짐을 해 봅니다.

가난과 약한 몸, 그리고 무학이라는 행운

처음 기자 생활을 시작한 곳이 매일경제신문사에서 발간하는 경제 주간지 '매경이코노미'였습니다.

국내 최고 권위의 경제 전문 매거진이었던 만큼, 매일경제신문 내에서도 필력이 좋은 선배들이 한 부서에서 근무하고 있었습니다.

경제 전문 매체였던 터라, 한국 경제는 물론 세계 경제 흐름을 진단하며, 학교에서는 배우지 못했던 실물 경제 흐름과 우수한 경영인들을 만날 수 있는 계기가 됐습니다.

짧은 스트레이트성 기사를 쓰는 데서 벗어나, 심도 있는 인터뷰 기사나 특집 기사들을 쓸 기회가 많아 개인적으로는 '지적으로' 가장 빠른 시간에 성장한 시기였다는 생각도 듭니다.

무엇보다, 주요 출판사에서 매주 보내주는 신간 가운데 관심 있는 분야의 책을 골라 마음껏 읽을 수 있었던 게 가장 큰 재미였습니다.

신간의 제목들을 유심히 들여다보면 그 당시 우리 사회의 가장 뜨거운 경제 이슈들을 유추해 볼 수도 있었고, 관심이 가는 책은 책꽂이에 꽂아두고 시간이 날 때마다 다시 찾아보기도 했습니다.

아마도, 가장 짧은 시기에 가장 많은 책을 읽으며 지식을 넓혀온 시기라고 생각합니다.

책에서 배운 지식을, 취재 과정에서 습득한 현실 경제에 접목해, 우리 사회를 보는 나름의 견해를 정립할 수도 있었습니다.

이 시기에, 가장 감명 깊게 읽은 책 가운데 하나가 일본 파나소닉 창업자 마쓰시타 고노스케의 경영 철학을 다룬 책입니다.

일본에서 '경영의 신'으로 평가받는 마쓰시타 고노스케는 경영을 단순한 '돈벌이'로 인식하지 않고 사람들의 행복에 기여하는 '종합 예술'로 여겼습니다.

무엇보다 그가 했다는 아래와 같은 말은, 책을 읽었을 당시의 저뿐 아니라 오늘을 사는 우리 청년 세대들에게도 많은 울림을 줄 것으로 생각합니다.

"나에게는 세 가지 행운이 있었습니다. 첫 번째 행운은 집이 가난했다는 겁니다.

집이 가난했기 때문에, 어렸을 때부터 많은 일을 하며 직접 경험을 쌓을 수 있었습니다.

두 번째 행운은 몸이 허약했다는 사실입니다.

몸이 허약했기 때문에 항상 무리하지 않고, 건강에 더 많은 신경을 쓰면서 운동하며 건강을 지킬 수 있었습니다.

세 번째 행운은 제대로 배우지 못했다는 점입니다. 배우지 못했기 때문에 저는 만나는 모든 사람을 '선생'이라 생각하고, 그들에게 조금이라도 배우려 노력했습니다."

사실, 그가 꼽은 세 가지 행운 가운데 보통 사람이 '행운'이라고 생각할 일은 하나도 없습니다.

오히려 가난한 집에서 태어난 걸 한탄하고, 허약한 체질로 태어났다는 사실을 원망하는 게 인지상정입니다.

또, 배우지 못했다는 사실이 '자격지심'이 돼 피해의식을 키울 수 있지만 그는 이런 모든 불운을 행운으로 승화했습니다.

자신의 약점을 정확히 알고, 이 약점을 어떻게 강점으로 만들 수 있을지 평생 몰두하며 이를 극복하기 위해 노력했고, 어쩌면 그런 각고의 노력 끝에 세계적인 기업을 일구고, 경영의 대가로 우뚝 설 수 있었을 겁니다.

대한민국 사회에도 흙수저, 금수저 논란이 한창입니다.

자신에게 주어진 환경을 탓하고, 실패의 원인을 처음부터 자신에게 주어진 환경에서 찾으려 하곤 합니다.

마쓰시타 고노스케는 타고난 흙수저에, 허약한 몸을 가졌고 이른바 명문대 문턱에도 가보지 못했지만 현실을 부정하는 대신, 현실을 받아들이고 이를 극복하는 데 주력했습니다.

후에, '칭기즈칸의 편지'라는 제목의 글도 읽었는데, 실제 칭기즈칸이 남긴 편지는 아니겠지만 마쓰시타 고노스케가 우리에게 준 메시지와 묘하게 맞닿아 있어 의미 있게 읽었습니다.

"집안이 나쁘다고 탓하지 마라.
나는 아홉 살에 아버지를 잃고 마을에서 쫓겨났다.
가난하다고 말하지 마라.
나는 들쥐를 잡아먹으며 연명했고,
목숨 건 전쟁이 내 직업이고 내 일이었다.
작은 나라에서 태어났다고 말하지 마라.
그림자 말고는 친구도 없고 병사로만 10만 백성은
어린애, 노인까지 합쳐 20만도 되지 않았다.
배운 게 없다고 탓하지 마라.
나는 내 이름도 쓸 줄 몰랐으나
남의 말에 귀 기울이면서 현명해지는 법을 배웠다.

너무 막막하다고 그래서 포기하겠다고 말하지 마라.
나는 목에 칼을 쓰고 탈출했고 뺨에 화살을 맞고 죽었다가
살아나기도 했다. 적은 밖에 있는 것이 아니라 내 안에 있었다.
나는 내게 거추장스러운 것을 깡그리 쓸어버렸다.
나를 극복하는 순간 나는 칭기즈칸이 되었다.”

대(大) 정광재가 말이야~

《칭찬은 고래도 춤추게 한다》라는 책이 국내에 소개돼 베스트셀러가 된 건 2003년의 일입니다.

이 책의 원제는 'Whale done'으로, 책을 쓴 미국의 켄 블랜차드(Ken Blanchard)는 세계에서 가장 영향력 있는 리더십 전문가 가운데 한 명으로 꼽힙니다. 세계적인 베스트셀러가 됐던 《겅호》라는 책도 켄 블랜차드의 작품이죠.

2003년, 'Whale done'의 번역서가 나온 이후 한국에서만 120만 부가 넘는 책이 팔렸다고 하니, 우리나라 사람의 《칭찬은 고래도 춤추게 한다》책 사랑은 전 세계적으로도 유별나다고 할 수 있습니다.

'고래야 잘했다'는 의미를 가진 'Whale done'의 원제를, 책의 성격에 맞게 멋지게 해석해서 지은 것도 이 책이 베스트셀러가 되는 데 한몫을 했다고 생각합니다.

칭찬에는, 칭찬받는 사람이 그 칭찬에 걸맞은 사람이 될 수 있도록 하는 마법 같은 힘이 있습니다.

칭찬은 일반적으로 예전에 잘했던 일에 대한 보상과 격려의 의미로 이뤄지지만, 칭찬을 받은 사람은 또 칭찬받을 수 있는 사람이 되고자 하는 마음이 생기게 마련입니다.

2021년, '아시아문화경제진흥대상 언론인 부문'을 수상했을 때, 시상자로 나선 이낙연 전 국무총리도 같은 의미의 말을 해 상의 의미를 깊이 새길 수 있었습니다.

이 전 총리는 "상은 잘했다는 것에 대한 포상이지만, 앞으로 더 잘해야 한다는 당부의 의미가 있다"라는 말로 "앞으로도 더 많은 활약을 기대하겠다"고 했습니다.

사람들은 기본적으로 다른 사람들로부터 인정받기를 원합니다. 매슬로우가 제시한 인간의 욕구 5단계를 보더라도, 생리적 욕구와 안전에 대한 욕구가 충족돼 생존이 보장되는 시점부터는 인정 욕구와 자존의 욕구, 자아실현의 욕구가 발현되기 시작합니다.

가족과 친구, 사회 구성원들로부터 좋은 사람, 능력 있는 동료, 자상한 아빠로 인정받고 싶은 건 본능에 가깝습니다.

철학자 존 듀이는 "인간 본성의 가장 깊은 뿌리는 인정받고자 하는 갈망에서 나온다"라는 말로 중요한 사람으로 인정받고자 하는 사람의 마음을 표현하기도 했죠.

스스로 평가해 보건대 저는 어떤 다른 욕구보다 '인정 욕구'에 대한 갈증이 컸던 것 같습니다.

때론, 가까운 사람들은 오히려 잘 돌보지 못하고 다른 사람들 일부터 챙기다 '좋은 사람 콤플렉스가 있는 것 아니냐?'는 핀잔을 들을 정도로 타인의 평가에 민감했습니다.

그런 면에서 제가 경기도 연천이라는 작은 시골 마을에서 나고 자란 건, 또 나이 차이가 크게 나는 5남매의 막내로 컸던 건 큰 행운이었습니다.

시골학교의 선생님은 학생들에게 아주 다정했고, 부모님 역시 인사 잘하고 공부도 잘했던 막내를 무척 아끼고 작은 일에도 칭찬을 많이 해 주셨습니다.

한 학년이라 봐야 채 50명밖에 되지 않았던 작은 초등학교였기 때문에 조금만 잘해도 여러 면에서 두각을 나타낼 수 있었고, 선생님들의 칭찬은 저에게 '더 좋은 학생이 돼라'는 격려가 됐습니다.

특히, 연천중학교 2학년 시절 담임 선생님이셨던 김성한 선생님과 3학년 담임을 하셨던 강창수 선생님의 격려와 칭찬은 제가 성장하고, 더 좋은 사람이 되고자 하는 마음을 갖는 데 큰 힘이 됐습니다.

체육을 가르치셨던 김성한 선생님은, 반장을 맡고 있던 제게 어려운 과제나 조금 벅찬 일을 맡기 때면 항상 "대(大) 정광재가 말이야, 이 정도는 문제없이 할 수 있을 거야"라며 격려해 주셨습니다.

그리고는 "역시 대(大) 정광재를 믿은 내가 맞았어"라며 결과에 대해서도 칭찬을 아끼지 않으셨습니다.

과학 선생님이셨던 강창수 선생님은 중학교를 졸업한 후에도 항상 저에게 '자랑스러운 제자'라는 호칭으로 말씀을 시작하실 정도로, 저를 높이 평가해 주셨습니다.

선생님 기대에 미치지 못한 결과를 낼 때가 많았지만, 강 선생님은 항상 '자랑스러운 제자'로 저를 불러주셨고 저 역시 선생님 기대에 부응하기 위해 노력할 수 있었습니다.

'대(大) 정광재'와 '자랑스러운 제자'라는 말로 칭찬과 격려를 아끼지 않았던 선생님들의 말씀은《칭찬은 고래도 춤추게 한다》라는 책의 제목처럼 저를 춤추게 했습니다.

함께 일하는 후배들과 이제 막 사회생활을 준비하려는 인턴들에게,

그들이 춤출 수 있게 하는 칭찬과 격려가 이제 저의 몫이 된 것 같아 어깨가 무겁습니다.

6장

돈의 주인으로 살아라

늙어서 돈 없으면 친구도 없다?

　　20년 넘게 경제부, 정치부에서 기자 생활을 하며 우리 사회의 변화를 가까이서 지켜볼 수 있었습니다.

　특히, 그 과정에서 목격해 온 권력의 변화는 인상적입니다.

　과거, 우리 사회에는 이른바 정치 권력, 군사 권력, 검찰 권력, 법조 권력, 언론 권력, 경찰 권력, 재벌 권력 등 다양한 형태의 권력이 막강한 힘을 자랑하고 있었습니다.

　하지만, 정치 민주화가 진행되고 몇 번의 수평적 정권교체와 함께 권위주의가 해체되는 과정에서 대부분의 권력은 줄어들기 시작했습니다.

　1993년 출범한 문민정부의 출범을 계기로 하나회가 해체되며 정권을 쥐락펴락하던 군사 권력은 역사 속으로 사라졌습니다.

한 해 200명 수준이던 사법고시 합격자는 로스쿨 도입으로 매년 2000명 가까운 법조인이 탄생하면서, 사법고시 통과 한 번으로 인생 성공 가도를 보장받던 시대도 막을 내렸습니다. 한때, '제 4의 권력'으로 통했던 언론도 인터넷 매체와 종합편성 채널들의 약진으로 이른바 '조중동과 지상파의 시대'가 마무리됐습니다.

실제, 기자 생활을 처음 시작했던 2000년 초반만 하더라도 이른바 메이저 매체 소속 기자들의 위세가 대단했지만, 이제 그런 위세는 찾아보기 어렵습니다.

SNS를 통해 개인 간 정보 유통이 빨라지면서, 정보 독점에 기반한 언론 권력도 힘을 잃은 지 오래입니다.

이렇게 위세를 잃은 다른 권력과 달리, 오히려 강화된 권력을 꼽자면 '금권(金權)'입니다.

정치권력의 정점이라는 대통령 자리에 있던 노무현 전 대통령은 "권력은 이미 시장(기업)에 넘어갔다"라는 발언을 남기기도 했죠.

이 발언이 나온 지도 벌써 20년 가까운 세월이 지났으니, 그동안 가속화된 권력의 이동을 고려하면 금권은 이미 대한민국 최고의 권력으로 자리매김했다고 할 수 있습니다.

이제 기자들이 기사를 쓸 때도, 정권과 정부에 대해서는 신랄한 비판을 가하기도 하지만 광고주인 기업에 관한 기사를 쓸 때 더 많은 눈치를 살피게 됩니다.

사회적인 권력 지형의 변화, 특히 금권의 강화는 개인의 가치관에도 큰 변화를 줬습니다.

무엇보다 '각자도생(各自圖生)'의 시대에 중요한 건 개인의 존엄을 지킬 수 있는 경제력이라는 인식이 커졌습니다.

100세 시대, 스스로 자신의 노후를 준비하지 않는다면 누구도 자신의 미래를 담보할 수 없다는 절박감이 커졌습니다.

'복지 국가'의 기치 아래, 정부가 복지 예산을 늘리고 있다고는 하지만 정부 지원만으로는 해결할 수 없는 문제들이 더 많습니다.

사회생활을 시작한 지 얼마 되지 않아 우연히 만났던, 이름도 성도 알 수 없는 어느 평범한 택시기사분의 말이 오래오래 기억에 남는 건 이런 시대에 변화 때문인지도 모르겠습니다.

취재 일정이 빠듯해 대략 택시 요금 1만 원 정도 거리의 목적지까지 택시를 탔는데, 기사 분이 저를 한번 훑어보시더니 대뜸 "젊은 사람이 버스 타지, 뭐 하러 택시를 타요?"라며 묻는 겁니다.

택시 기사는 손님이 타면 좋아할 일인데, 오히려 버스를 타라고 하는 말에 '남의 일에 별 간섭을 다 한다'라고 생각했지만 몇 마디 얘기를 더 하다 큰 깨달음을 얻었습니다.

지금도 또렷이 기억하는 택시기사분의 말은 이렇습니다.

"젊어서는 싼 옷 입고 지하철이나 버스 타고 다녀도 하나 이상할 게 없지만 나이 들어선 달라요. 나이 들어 돈이 없으면 친구도 못 만나. 제대로 안 차려입고 다니면 초라해 보이고. 그러니, 젊어서 아끼고 많이 저축해 두세요."

그렇게 말했던 택시 기사분이 어느 정도의 자산이 있는 부자인지 아닌지는 알 수 없었지만, 그날 이후 저는 웬만해선 택시를 타지 않습니다.

'택시비가 얼마나 한다고?' 물을 수도 있습니다.

그래도 왠지 택시를 타는 건 내키지 않습니다. 이렇다 할 사치도 하지 않습니다.
그보다는 경제적 자립에 더 큰 목표를 두고 열심히 저축하고, 투자하면서 미래에 대비하고 있습니다.

다행히 뜻이 맞는 배우자를 만나 근검, 저축하면서 미래에 대한 꿈을 키우고 있습니다.

 '가난하게 태어난 것은 죄가 아니지만 가난을 물려주는 것은 죄가
된다'라는 말의 울림이 여러분들에게도 전달되길 기원해 봅니다.

나를 당당하게 만들어 주는 건 '적금'

대학에서 무역학을 전공하고, 언론사 생활을 경제신문에서 시작했던 터라 나름의 경제관념이 확고합니다.

앞서 언급했던 것처럼, 젊은 시절에 느끼는 돈의 가치와 나이 들어 느끼게 될 돈의 절실함은 꽤 다를 수 있으므로 가능한 한 절약하며 살았고, 절약해 모은 돈으로는 경제 지식을 접목해 여러 투자활동도 해왔습니다.

돈이 인생의 전부는 아니지만, 경제적으로 안정되면 인생을 조금 더 여유 있고 풍요롭게 살 수 있을 뿐 아니라 적어도 개인의 '행복'에도 영향을 줄 수 있기 때문이죠.

무조건 소득이나 자산이 많은 것에 비례해 행복도가 높아지는 것은 아니지만 안정적인 소득과 자산이 어느 정도 행복을 보장해 준다는 것은 틀린 말이 아닙니다.

실제 매경이코노미가 '행복을 결정하는 요소는 무엇인가'라는 질문과 관련해서 응답자들로부터 가장 많은 표를 받은 응답이 '경제적 안정(36%)'으로 가장 많았고, 다음이 개인의 신체적 건강(23%)과 가족의 화목(19%)이었습니다.

한국보건사회연구원이 조사한 자료를 봐도, 월 소득 100만~199만 원과 200만~299만 원의 행복지수는 각각 5.62점과 6.31점으로 평균을 밑돈 데 반해, 소득이 높을수록 행복지수는 높아지는 추세를 보였습니다.

최상위 구간인 월 소득 1000만 원 이상의 행복지수는 7.12점으로 가장 높았습니다. 연구자는 이를 두고 "경제적 빈곤이 행복의 빈곤과 직결된다고 볼 수는 없지만, 행복 빈곤을 유발할 가능성이 매우 높은 위험인자라고 할 수 있다"라는 분석을 내놨습니다.

어려서부터 비교적 명확한 경제관념을 확립해서였는지는 모르지만, 꼭 필요한 곳에만 지출해 왔습니다.

"아끼지 않고 부자가 된 사람은 없었다"라는 말을 금과옥조(金科玉條)로 삼았고, 아낀 돈으로는 은행에서 일했던 아내의 영향을 받아 저축과 투자를 병행했습니다.

언젠가 '경제적 자유'를 얻어, 정말 하고 싶은 일을 경제적 이유로 하지 못하는 일은 없어야겠다는 생각이 강했기 때문입니다.

저축의 사전적 의미는 '절약하여 모아 둠'을 뜻하지만 경제학에서는 '미래를 위해 현재의 소비를 희생하는 행위'로 정의되는 만큼 미래를 대비하는 의미가 있습니다.

미래를 위해 현재를 희생해야 하는 일이 생각처럼 쉽지 않기 때문에, 사람들은 자연스레 저축보다는 소비에 치중하게 마련입니다.

또, 최근 급등했던 주택 가격으로 인해 가계 대출이 2000조 원을 넘어서고 임금 인상을 뛰어넘는 물가 상승 때문에 저축 여력이 크게 줄어든 것도 사실입니다. 그래도, 마른 수건 짜듯 개인의 소비 행태를 분석해 보면 줄일 수 있는 부분을 반드시 찾을 수 있습니다.

절약과 저축, 투자와 관련해서 세계적인 투자 전문가와 재테크 전문가, 또 수많은 경제 전문가를 만나 많은 교훈을 얻고, 영감을 받았습니다.

그러나, 뜻밖에도 가장 확실한 영감을 준 사람은 따로 있었으니, "돈은 안 쓰는 것이다"라는 명언을 남겼던 방송인 김생민 씨입니다.

유명 연예 중계 프로그램 리포터 출신의 김 씨는 이렇다 할 히트 프로그램은 없지만 특유의 근면함과 짠 내 나는 절약으로 국내 최고 부촌으로 꼽히는 주상복합에 살고 있습니다. 김생민 씨가 했던 〈주간조선〉과의 인터뷰 내용입니다.

"이 세상에는 '잘되는' 사람보다, 안 되는 사람이 더 많습니다.

잘되는 1%가 아닌 안 되는 99%인 우리는 준비해야 합니다.

살다 보면 기울어진 협상 테이블에 앉게 될 때가 있습니다.

그 협상에서 나를 당당하게 만들어 주는 건 내가 들어놓은 적금입니다. 지금 준비하지 않으면, 나중에 우리는 하고 싶지 않은 일을 해야 합니다.

오직 돈 때문에요.”

　김생민 씨의 말대로 우리는 '갑질'하는 상사 밑에서 인격적 모독을 겪으면서도 '월급' 때문에 회사를 계속 다녀야 할 수 있습니다. 더럽고 아니꼬워도, 원하지 않는 선택을 강요받을 수도 있습니다. 김생민 씨는 그럴 때를 대비해 저축하라고 주문하고 있습니다. 돈 때문에 하고 싶지 않은 일을 하지 않아도 되도록 말이죠.

부의 지도는 신문 속에 있다

　　대학에서 경제학과 관련한 여러 과목의 수업을 들었습니다. 특히 인상적으로 들었던 수업은 '국제 경제학'이었는데, 지금은 고려대 경제학과 교수로 재직 중인 이병락 교수님이 진행한 3학점 수업입니다.

　아마도 당시는 이 교수님이 외국에서 학위를 마치고 한국에 들어온 지 얼마되지 않았던 까닭에 여러 대학에 출강하셨던 게 아닌가 기억하고 있습니다.

　모교 소속 교수가 아닌 '시간 강사' 신분이었겠지만, 오히려 그래서 더 학생들을 가르치는 일에 열과 성을 다하셨는지도 모르겠습니다.

　IMF 외환위기 때 '벼룩시장'이라는 지역 매체 사업이 주목받으면서 TV 광고까지 했었는데, 이 교수님이 광고 모델로 등장해 "벼룩시장, 살아 있는 경제 아닐까요?"라는 대사로 마무리했던 게 인상적이었습니다.

이후 지속적인 연락이 이어진 건 아니지만, 아마도 제게 좋은 성적을 줬기 때문에 지금도 '훌륭한' 교수님으로 기억하고 있습니다.

이 교수님은 국제 경제학을 가르치면서, 현실에서 볼 수 있는 여러 실제 사례들을 덧붙여 설명해 주셨습니다.

특히, 경제 신문에 나온 기사들을 소개하며 국제 경제의 흐름이 어떻게 변화하고 있다는 점을 자주 설명해 주셨는데, 이때 학생들에게 한 얘기가 바로 '경제신문 읽기의 생활화'였습니다.

무역학을 전공하는 상경 계열 대학생이라면, 종합지는 물론 적어도 경제 뉴스를 전문적으로 다루는 경제신문 하나는 반드시 꾸준히 읽어볼 것으로 권했습니다.

마침, 당시 매일경제신문이 사세 확장을 위해 대학생 독자들에게는 일반 구독료의 절반 가격으로 할인을 해주고 있어 매일경제신문을 구독하게 됐고, 그게 인연이 됐는지 첫 언론사 생활도 매일경제신문에서 시작하게 됐습니다.

흔히 신문을 정보의 보고라고 합니다.

주식투자를 통해서만 세계 최고 부자 반열에 오른 워렌 버핏은 하루 일과를 새벽 신문 읽기로 시작하고 "부의 지도는 신문 속에 있다"라는 말을 남기기도 했죠.

그러면서 "최고의 투자는 자신의 가치를 높이는 것이고, 자신의 가치를 높이는 가장 좋은 방법은 책과 신문읽기"라고 강조했습니다.

워렌 버핏이 신문읽기의 중요성을 깨닫게 된 계기도 재밌습니다.

버핏은 13살 때부터 워싱턴포스트와 타임즈, 헤럴드 등 3개의 신문을 배달하며 용돈을 벌었고, 신문 배급소에서 읽은 기사를 통해 기업정보를 얻어 주식투자에 나섰습니다.

버핏은 훗날 "신문 배달을 해서 번 5천 달러가 지금의 부를 일군 종잣돈이 됐고, 신문을 읽으면서 얻은 투자 정보가 돈을 불린 원동력이 됐다"라고 설명했습니다.

특히, 버핏이 주목한 건 부유한 집일수록 신문 구독을 많이 하고 있다는 점이었습니다.

이런 사실을 통해 '신문을 보는 게 확실히 돈을 버는 데 도움이 되는구나'라는 생각을 굳혔습니다.

버핏은 지금도 하루에 5개 신문을 정독하고, 스크랩하면서 돈의 흐름을 파악하고 전략을 짜고 있습니다.

사실, 부자들의 '신문 사랑'은 워렌 버핏에만 국한된 건 아닙니다.

잭 웰치, 월트 디즈니, 샘 월튼, 제프 베이조스 등 미국의 억만장자들은 신문 읽기를 강조하고 있습니다. 이들은 모두, 어릴 때 신문 배달을 했었다는 공통점이 있는데, 2012년에는《왜 부자들은 모두 신문배달을 했을까》라는 책이 발간되기도 했습니다.

책의 주인공은 신문 배달을 하며 규율을 익히고 문제 해결 능력을 기르는 한편 신문 읽기를 습관화해 성공의 길로 갈 수 있었습니다.

대학 시절부터 시작한 꾸준한 신문읽기 덕인지, 카투사로 입대해 주특기를 배정받을 때도 '정훈병'이 됐습니다.

미 2사단 정훈병의 주요 업무는 영문 8페이지, 한글 4페이지로 구성된 사단 신문 '인디안헤드'를 2주에 한 번 제작하는 일이었는데, 2년 연속 미 8군 최우수 기사 선정과 함께 미 8군 'Keith. L. Ware' 언론상을 받기도 했습니다.

신문을 통해서 투자와 관련한 다양한 기회도 가질 수 있었습니다. 생활 속 신문읽기를 강조했던 이병락 교수님의 조언과 꾸준한 실천이 삶을 바꾼 계기가 됐음은 물론입니다.

돈은 최고의 하인이자
동시에 최악의 주인

현대 자본주의 사회에서 돈 없이 산다는 건 불가능한 일입니다.

경제적 자유가 생기면, 하고 싶지 않은 일을 하지 않아도 되는 존엄을 지킬 수 있습니다.

반면, 경제적 여유가 없을 땐 마음이 불안하고 괜히 하지 않아도 되는 걱정까지 스멀스멀 머릿속을 기어다닙니다.

회사에서 퇴사하고 새로운 영역에 도전하려고 할 때도, 마음 깊은 곳에 자리 잡은 가장 불안한 마음은 역시 미래에 대한 경제적 불안이었습니다.

나름으로 열심히 준비를 해왔다고는 하지만, '다다익선(多多益善)'이라는 말처럼 돈은 기왕이면 많은 게 좋습니다.

돈의 특성을 가장 잘 보여주는 명언이 "돈은 최고의 하인이면서 동시에 최악의 주인"이라는 프란시스 베이컨의 말이 아닐까 합니다.

돈은 그 자체로는 선도, 악도 아니지만 돈을 갖고 쓰는 사람의 마음에 따라 선한 존재도 될 수 있고, 악한 존재도 될 수 있을 뿐입니다.

무조건 돈을 위해 일하게 된다면 돈은 최악의 주인이 되겠지만 모은 돈을 잘 활용만 한다면 좋은 하인 역할을 하게 됩니다.

자신이 해야 하는 일이라도, 돈을 써 다른 사람에게 대신 일을 맡기게 된다면 돈은 '하인' 역할을 수행하는 셈입니다.

반대로, 돈 욕심에 사로잡히게 되면 오히려 돈은 우리의 주인이 돼, 우리를 부려 먹습니다.

사람들은 돈의 노예가 되는 삶을 살 수도 또는 돈의 주인이 될 수도 있습니다.

돈의 주인이 되기 위해선, 돈이 돈을 벌어올 수 있는 시스템을 만드는 게 중요합니다.

《부자 아빠, 가난한 아빠》를 쓴 로버트 기요사키가 책에서 강조한 것처럼 일단 일정 수준의 투자 원금을 만들고, 이 투자 원금을 통해 '돈이 돈을 벌어오는 시스템'을 만드는 건 돈의 주인이 되는 데 있어 특히 중요합니다.

돈을 최고의 하인으로 만들기 위해선, 몇 가지 전제 조건이 있습니다.

우선 기요사키가 얘기한 것처럼 투자에 나설 수 있는 목돈을 만들어야 합니다.

부자들은 한결같이 "처음 1억 원을 모이는 게 가장 어려웠지, 다음 10억 원을 버는 건 1억 원을 모으는 것보다 어렵지 않았다"라고 말합니다.

그런 면에서, 20년 넘게 다닌 매경미디어그룹 내 암묵적 경영 원칙인 '수입 내 지출'을 얘기 안 할 수 없습니다. 투자 원금을 만들기 위해 '수입 내 지출'은 필수적입니다.

매일경제신문은 1966년 정진기 창업주가 창간한 이후 IMF 외환위기와 글로벌 금융위기 등의 격동기를 거치면서도 한 번도 적자를 기록한 적이 없는 언론사로 유명합니다.

어찌 보면, 그 비결은 간단합니다.

경영 원칙이라고 할 수 있는 '수입 내 지출'을 금과옥조로 지켜왔기 때문이죠. 매일경제신문은 이를 바탕으로 이렇다 할 대기업 후원이 없는 경제신문이라는 핸디캡에도 불구하고 종편 MBN 등을 거느린 메이저 언론그룹으로 성장할 수 있었습니다.

경영진이 항상 강조해 온 '수입 내 지출'은, 저의 경우를 비롯해 그룹 종사자들의 생활 태도에도 부지불식간에 영향을 줬겠다고 생각합니다.

두 번째는, 돈이 돈을 벌 수 있는 구조를 만들어야 합니다.

이때, 중요한 것은 철저한 '돈이 돈을 벌도록 하는 과정'에서 얼마나 리스크를 져야 하는지를 결정하는 일입니다.

개인적으로도 몇 번의 투자 성공과 실패를 경험하는 과정에서 가장 가슴 깊이 새긴 투자 격언은 '리스크가 없다면 수익도 없다(No risk, no return)'입니다. '하이리스크, 하이리턴(High risk, high return)'은 투자에 기본 중의 기본입니다.

'물은 높은 곳에서 낮은 곳에서 흐른다'라는 사실 만큼이나 투자의 세계에서 리스크를 부담하지 않고는 좋은 투자 성과를 기대하기 어렵 다는 사실은 자명합니다.

다만, 리스크를 부담할 때, 리스크의 정도와 기대 수익률의 정도를 정확히 파악하기 위한 세밀한 분석과 정보는 필수적입니다.

리스크 관리는 리스크가 있다는 것을 인지하는 것에서 시작된다는 말처럼, 리스크를 부담하더라도 이를 제대로 관리한다면 좋은 투자 성과로 이어질 수 있습니다.

다만, 리스크를 너무 두려워해 투자 활동에는 얼씬도 하지 않는 자 세는 경계해야 합니다.

인센티브는 교육보다 효과적이다

"서울에서 평양까지, 택시요금 5만 원.

소련도 가고 달나라도 가고, 못 가는 곳 없는데.

광주보다 더 가까운 평양은 왜 못 가?

우리 민족, 우리네 땅. 평양은 왜 못 가~

경적을 울리며(빵 빠방), 서울에서 평양까지.

꿈속에라도 신명 나게 달려 볼란다."

이런 가사를 가진 1990년대 운동권 가요가 있었습니다.

분단국가의 현실을 보여주며, 통일을 앞당기자는 메시지를 담고 있는데, 경쾌한 멜로디까지 어울려 시위 현장의 애창곡이기도 했습니다.

기자 생활 중 다녀온 취재 일정 가운데 가장 기억에 남는 출장을 꼽으라면, 단연 평양 출장입니다.

1990년대는 물론, 지금도 일반인이라면 가기 어려운 북한 평양에 9박 10일 일정으로 머물며 북한의 속살을 들여다볼 기회였습니다.

2007년 12월, 통일운동을 하는 민간 단체의 초청으로 중국 베이징을 거쳐 평양 순안공항에 도착, 평양 중심의 양각도 국제 호텔에 짐을 풀었습니다.

출장을 주선한 민간 단체는 당시 김정일 국방위원장 명의의 평양항공학교 부지 '30년 토지 이용권'을 받아, 평양 인근에 경공업 단지를 조성한다는 마스터 플랜을 추진하고 있었습니다.
토지 이용권을 받기는 했지만 이후 북한의 잇따른 군사적 도발로 인한 긴장 고조로 첫 삽을 떼지도 못하고 좌초됐습니다.

'백문이 불여일견'이라고, 10일 동안 평양 주요 거점과 묘향산 등을 다녀오면서 북한 사회와 체제를 관찰하고 북한 동포와 교류하면서 많은 것을 느꼈습니다.
특히, 개별적인 호텔 외부 출입이 허용되지 않고, 호텔 내에는 이렇다 할 오락거리도 없는 데다 TV 프로그램이라고는 모두 김일성 부자 찬양 방송이라 혼자 생각할 시간이 아주 많았습니다.

매일 밤, 불 꺼진 평양 시내를 보며 분단 62년 만에 무엇이 남북한을 이렇게 다른 나라로 만들었는가에 대한 고민도 깊게 했습니다.

다를 것 없었던 출발 선상에서 시작해, 비슷한 인적 자원을 가진 남한과 북한의 차이를 만든 건 결국 체제의 차이였고, 체제의 차이는 효율의 차이를 만들었습니다.

효율의 차이가 누적되면서 남한은 선진국으로, 북한은 세계 최빈국으로 전락할 수밖에 없었습니다.

실제, 북한의 GDP는 2022년 기준 31조 3600억 원으로, 우리나라 2167조 7000억 원과 비교하면 70분의 1밖에는 되지 않습니다.

1인당 국민총소득(GNI) 격차 역시 30배에 달하는데, 우리나라 국민의 1인당 국민총소득이 4248만 원을 기록했던데 반해 북한의 1인당 국민총소득은 143만 원에 불과했습니다.

T-모델 보급을 통해 자동차의 대중화를 이끈 헨리 포드는 "인센티브는 교육보다 효과적이다"라는 말로, 인센티브의 효율적 활용이 기업의 생산성을 높이는 데 기여한다고 했습니다.

청소년 경제 도서로 베스트셀러가 된《경제는 내 친구》출간을 계기로, 중고등학생을 대상으로 한 경제 강의를 요청받아 진행할 때 빠지지 않고 소개하는 내용도 '세상을 바꾸는 인센티브의 힘'입니다.

《경제는 내 친구》에는 별도의 챕터로 구성했을 만큼 비중 있게 다뤘는데, 자본주의가 공산주의와의 체제 경쟁에서 승리할 수 있었던 건

헨리 포드가 얘기했던 것처럼 교육보다도 효과적일 수 있는 인센티브의 힘이 작용했습니다.

이익을 극대화하려는 '이기적인 개인'의 본성을 채찍과 강압으로 억누를 수는 없기 때문입니다.

인센티브와 관련해선, 돌아가신 아버지와 좋은 추억도 있습니다.

초등학교 시절, 선친께서는 매월 치르는 월간 고사 성적을 두고 여러 '상품'을 거셨습니다. 시험 성적이 좋아지면 원하던 물건을 사주기도 하셨고, 때로는 목표 점수를 넘으면 용돈을 듬뿍 주기도 하셨습니다.

선친께서 헨리 포드가 했던 "인센티브는 교육보다 효과적이다"라는 말을 알고 하신 일은 아니었겠지만, 저에게 많은 동기 부여가 됐던 건 부정할 수 없는 사실입니다.

부자가 되고 싶다면
부자의 줄에 서라

'80대 20의 원칙'으로 알려진 '파레토의 법칙'이라는 게 있습니다.

전체 결과의 80%는 전체 원인의 20%에서 일어나는 현상을 설명하는 말인데, 예를 들어 백화점 전체 매출의 80%는 상위 고객 20%에서 발생한다거나, 국가 전체의 자산을 100이라고 했을 때 상위 20%가 80%의 자산을 소유하고 있는 상황을 직관적으로 설명하고 있습니다.

이탈리아 국민의 자산 소유 불평등 정도를 조사한 경제학자 파레토가 1906년 발표한 논문에서 "이탈리아 인구의 20%가 이탈리아 전체 부의 80%를 가지고 있다"라고 주장한 데서 유래해 '파레토의 법칙'이란 이름이 붙었습니다.

파레토의 법칙은 자산 분포뿐 아니라 여러 사회현상을 설명하는 데도 유용하게 쓰입니다.

대기업의 전체 수익 가운데, 매출 상위 20%의 제품이 전체 매출의 80% 이상에 기여한다거나 상위 성과자 20%가 기업 이익의 80%를 만들어 낸다는 인식들이 대표적입니다.

사업에서 불만의 80%는 고객의 20%에서 발생하고, 고장을 일으키는 상위 20%의 원인이 전체 고장의 80%를 유발하는 만큼 기업 경영을 하는 사람들에게 '선택과 집중'의 중요성을 강조하고 있습니다.

재미있는 사실은, 상위 20%로만 다시 선별해 별도의 조직으로 구성한다 해도 시간이 지나면 다시 20:80의 비율로 돌아가는 성향을 보인다는 사실입니다.

파레토의 법칙에서 볼 수 있는 것처럼, 비교적 소수의 사람만이 부자로 경제적인 여유를 만끽하며 살게 되고 다수의 사람은 그렇지 못합니다.

부자는 항상 소수이기 마련인데, 이들은 부러움의 대상인 동시에 시기와 질투의 대상이 되기도 합니다. 부자들에 대한 양면적 시각은 항상 존재해 왔습니다.

자산과 소득 불평등이 심해지고 '계층 사다리'가 붕괴한 사회에서는 더욱 그렇습니다.

우리 사회가 '흙수저', '금수저' 논란으로 시끄러운 것도 저성장 시대로 접어들면서, 사실상 계층 이동이 어려워진 게 원인이 됐던 건 아닌가 생각해 봅니다.

그런 측면에서 '개천에서 용나던 시대'가 저물고 이른바 '가붕개(가재, 붕어, 개구리)'로 살기를 강요받는 시대가 됐다는 건 안타까운 일입니다.

'개천에서 용 났다'라 평가 받는 자수성가 부자들을 만나 얻은 교훈이 있습니다.

부자가 되려면 부자를 시기나 질투의 대상으로 볼 게 아니라 '나도 부자가 돼야겠다'라는 의지를 다지는 게 인생에 도움이 된다는 사실입니다.

속물처럼 들릴지 모르겠지만, 세상에 대한 불만을 느끼고 맞서기보다는 적응하고 잘 사는 게 정답입니다.

단순히 부자를 미워하고 질시하는 건 '정신 승리'에나 도움이 될 뿐 자신의 삶을 바꾸는 데 전혀 도움이 되지 않습니다.

같은 맥락에서 이건희 삼성그룹 회장이 임직원들에게 했다는 말도 음미해 볼 필요가 있습니다.

이 회장은 "부자가 되고 싶다면 부자 옆에 줄을 서라"고 했고 "돈 많은 사람을 부러워하지 말고, 그들이 생각하고 사는 법을 배워야 한다"고 했습니다.

"산삼밭에 가야 산삼을 캘 수 있고, 부자들이 어떤 사람인지 제대로 알아야 자신도 부자가 될 수 있다"라는 게 이 회장이 말한 '부자가 되는 법'의 핵심입니다.

개인적으로는 이 회장의 말을 투자의 나침반 삼아 상당히 성공적인 투자 성과를 거둔 경험도 있습니다.

대한민국을 대표하는 대기업 오너의 지분율이 높은 기업들을 선별한 후 중장기적으로 유망한 회사에 투자하는 방식으로 '부자의 줄'에 섰던 게 성공 비결이었습니다.

적어도 '우리나라 최고 부자들과 동업하고 있다'라는 생각에 손실에 대한 우려는 줄이고 수익에 대한 기대는 높일 수 있었기 때문에 장기 투자가 가능했고, 결과적으로 좋은 투자 성과로 이어졌습니다.

부자에 대한 시기나 질투 대신 부자의 관점과 시각으로 세상을 관찰하는 습관을 지녀 보길 바랍니다. 경제적인 자유에 한 발 더 가까이 가는 첫걸음이 될 수 있습니다.

세상을 바꾸는 한마디

1판 1쇄 인쇄 2023년 11월 5일
1판 1쇄 발행 2023년 11월 10일

지은이 정광재
펴낸이 이윤규

펴낸곳 유아이북스
출판등록 2012년 4월 2일
주소 (우) 04317 서울시 용산구 효창원로 64길 6
전화 (02) 704-2521
팩스 (02) 715-3536
이메일 uibooks@uibooks.co.kr

ISBN 979-11-6322-109-8 03190
값 16,800원